Les Grands Écrivains

Jean-Joseph Julaud

FIRST
Editions

ISBN : 978-2-7540-0508-1
Dépôt légal : 4e trimestre 2007
Imprimé en Italie
Conception couverture : Bleu T
Correction : Anne-Lise Martin
Édition : Véronique Marta

Conception graphique : Georges Brevière

Éditions First-Gründ
60, rue Mazarine, 75006 Paris
Tél : 01 45 49 60 00
Fax : 01 45 49 60 01
e-mail : firstinfo@efirst.com
www.editionsfirst.fr

Introduction

Voici cinquante écrivains parmi les plus connus, du Moyen Âge à nos jours.

Cinquante entrées dans l'immense édifice de la littérature française, aux mille et une pièces, aux mille et un romans, aux mille et un tourments guéris par le poème.

Quelle fut la vie de ces grands auteurs ? Qu'ont-ils écrit ? Peut-on les connaître ou les reconnaître en quelques citations ?

Dans les pages qui suivent, toutes les réponses à ces trois questions…

Jean-Joseph Julaud

Sommaire

Charles d'Orléans

Paris, 1394 - Amboise, 1465

23 novembre 1407. Le beau, le séducteur Louis d'Orléans, frère du roi fou Charles VI (1368-1422), est assassiné, rue Vieille-du-Temple à Paris, sur l'ordre de son cousin Jean sans Peur, le méprisé, le moqué, le trompé…

Charles, l'aîné des quatre enfants de Louis d'Orléans, atteint sa treizième année le lendemain, 24 novembre. Charles est un enfant sensible, rêveur ; ce meurtre le marque d'autant plus que Valentine Visconti, sa mère, lui fait jurer qu'il vengera la mort de celui qu'elle continue d'aimer au point d'en mourir de chagrin l'année suivante, le 4 décembre 1408.

Orphelin, Charles devient veuf en 1409 : Isabelle de Valois, sa cousine germaine, épousée trois ans auparavant – elle était déjà veuve de Richard II d'Angleterre – meurt à vingt ans en mettant leur fille au monde.

1415. À Azincourt (dans le Pas-de-Calais), le 25 octobre, dix mille Anglais battent cinquante mille Français, parmi lesquels se trouve Charles d'Orléans ; il est fait prisonnier, emmené en Angleterre. Celle qu'il a épousée en 1410 alors qu'elle n'avait que onze ans, Bonne d'Armagnac, meurt deux mois après la défaite d'Azincourt, à seize ans.

Est-ce assez de malheurs sur les épaules et dans le cœur de Charles d'Orléans ? Non, puisque, personne ne pouvant payer sa rançon, sa captivité va durer vingt-cinq ans !

De vingt-quatre à quarante-neuf ans, loin des querelles de cour et de partis, il ne rêve qu'à ce « doux pays de France » qu'il aperçoit parfois des côtes anglaises, par beau temps.

Ballades, rondeaux, chansons et complaintes, aux destinataires difficiles à identifier (Alice Chaucer, l'épouse de son geôlier ? Bonne, la disparue ? Ou bien, plus simplement, la France...) se succèdent et composent une œuvre qui va se prolonger au château de Blois où l'exilé s'installe à son retour, en 1440. La dot de sa nouvelle épouse, Marie de Clèves, quatorze ans, a payé en partie sa rançon. Marie est la petite-fille de Jean sans Peur...

Le 27 juin 1462, naît Louis, le deuxième enfant du couple – Charles a soixante-huit ans, Marie, trente-six. C'est le futur Louis XII qui régnera sur la France de 1498 à 1515.

Charles, qui s'est défini ainsi : « l'homme égaré qui ne sait où il va », meurt à soixante et onze ans, le 5 janvier 1465. Marie lui survit vingt-deux ans.

Douceur et douleur se mêlent dans les vers de Charles d'Orléans comme peut se marier aux rayons du soleil la pluie chagrine. Et cela transforme sa mélancolie en tristesse raffinée, son désespoir en élégante résignation.

Les irrésistibles

Ballades, rondeaux, chansons, complaintes

Citons l'auteur

« J'ayme qui m'ayme, autrement non ;
Et non pour tant, je ne hay rien,
Mais vouldroye que tout fust bien,
À l'ordonnance de Raison. »

François Villon

Paris, 1431-1463...

Villon ? Un vaurien... Villon ? Un génie ! Villon... Qui ?

Loin de ceux qui le méprisent, le louent ou l'ignorent, Villon est ailleurs.

Villon François n'est Villon que d'emprunt : c'est le nom de celui qu'il appelle dans son Testament son plus que père, maître Guillaume Villon, chapelain de la paroisse de Saint-Benoît-le-Bétourné – à l'emplacement de la Sorbonne aujourd'hui.

François Villon, c'est, dans les registres de l'Université ou ceux de la police, tantôt François de Montcorbier, tantôt François de Monterbier, ou bien encore François des Loges. Aucun renseignement sur son père ; presque rien sur sa mère, sauf lorsqu'il lui donne la parole dans la *Ballade pour prier Nostre Dame* : « Femme je suis pauvrette et ancienne / Qui rien ne saict, oncques lettres ne lus... »

François serait né en 1430, 1431, peut-être en 1432, à Paris. Brillant élève suivi de près par maître Guillaume Villon, il est bachelier en 1449, maître ès arts en 1452. Ces diplômes font de lui un clerc – ecclésiastique –, ce qui lui permet d'envisager une existence confortable en percevant des bénéfices liés à son état dans un diocèse particulier.

Le Paris d'alors est celui de l'après guerre de Cent Ans, un Paris fragile, exténué, parcouru d'agitations de toutes sortes, de révoltes d'étudiants.

Fragile aussi, Villon... Le voici en première ligne dans tous les chahuts qui secouent la capitale, dans toutes les agitations étudiantes, jusqu'à la tragédie du 5 juin 1455 : il tue un prêtre, Philippe Sermoise, qui venait de l'agresser, peut-être pour les beaux yeux d'une belle Isabeau... Le clerc Villon se met au vert pendant presque un an.

Les lettres de rémission qu'il obtient lui permettent de revenir à Paris pour Noël 1456, afin de préparer avec une bande de malfrats... le cambriolage du collège de Navarre ! 500 écus ! L'affaire est d'importance, il faut décamper au plus vite. C'est dans la hâte du départ qu'il compose sa première œuvre poétique : le *Lais,* quarante strophes de huit octosyllabes. Il disparaît ensuite, pendant quatre ans.

Où va-t-il ? À Angers où il aurait cambriolé un oncle ecclésiastique ? Peut-être. À Blois, où il participe à un concours de poésie organisé par Charles d'Orléans ? Sûrement, car on trouve plusieurs de ses œuvres dans le manuscrit de son hôte. En Bretagne ? Il faut le croire : dans le *Testament,* il en cite une bourgade peu connue : Saint-Julien-de-Vouvantes, près de Châteaubriant.

Aucun doute, en revanche, sur son séjour dans la « dure prison de Meung », à Meung-sur-Loire, en 1461… Pourquoi Thibault d'Aussigny, l'évêque d'Orléans, l'y a-t-il jeté ? On ne le saura sans doute jamais ; on peut cependant le supposer en lisant ce vers de l'emprisonné : « Je ne suis son serf, ni sa biche… » C'est le passage de Louis XI dans la ville de Meung qui tire Villon de ce mauvais pas.

1461. De retour à Paris, Villon écrit son œuvre majeure, le *Testament,* où il inclut de nombreuses ballades déjà composées.

1462, Villon est de nouveau mêlé à une rixe, rue de la Parcheminerie. Emprisonné au Châtelet, il est condamné à être « pendu et estranglé »… mais sa peine est commuée in extremis en bannissement pour dix ans.

Depuis le 5 janvier 1463, date de son départ de Paris, nul ne l'a revu. Mais qu'importe puisque le tendre, l'ironique, le malicieux Villon n'a jamais quitté l'ailleurs des mots : la poésie.

Les irrésistibles

Lais – 1456
Testament – 1462

Citons l'auteur

« Mais où sont les neiges d'antan ? »
Ballade des dames du temps jadis
« Je connois tout, fors que moi-même »
Ballade des menus propos
« Il n'est bon bec que de Paris »
Ballade des femmes de Paris

•

François Rabelais

La Devinière, 1483 - Paris, 1553

1483 ? 1490 ? 1494 ? Nul ne peut affirmer, preuves à l'appui, en quelle année naquit François Rabelais. De sa vie jusqu'en 1530, on ne connaît presque rien. Est-il né au manoir de la Devinière, près de Chinon, où Antoine Rabelais, avocat, possède sa « maison des champs » ? Ou bien à Chinon où ce même Antoine Rabelais est propriétaire d'autres demeures ? Et cet Antoine Rabelais est-il son père ?

François est-il vraiment entré en 1511 chez les moines franciscains, près d'Angers ?

Une lettre, cependant, envoyée au grand humaniste d'alors, Guillaume Budé, permet de situer Rabelais, en 1521, chez les moines cordeliers de Fontenay-le-Comte. Il y traduit des livres grecs afin de retrouver le contenu original d'œuvres surchargées d'erreurs et d'imprécisions au Moyen Âge. Cette entreprise est fort mal accueillie en ces temps où les savants de la Sorbonne ne supportent pas qu'on remette en cause leur savoir et leur pouvoir – ainsi en est-il des « Sorbonne » de tous les temps…

Devenu indésirable chez les franciscains, Rabelais se fait bénédictin à l'abbaye de Maillezais, dans le sud de la Vendée. On n'y voit pas d'un mauvais œil son entreprise, son audace. Pourtant, le voici qui disparaît en 1528. On peut imaginer qu'il entreprend alors un tour des universités de France, son œuvre porte les traces de son passage à Bordeaux, Bourges, Orléans, Paris…

En 1530, il réapparaît à Montpellier où il étudie la médecine (en réalité, il suffit alors de connaître le grec et le latin pour devenir médecin…). Deux ans plus tard, il exerce la médecine à Lyon. Mais depuis des années l'écriture est son activité principale, militante et active : l'immobilisme et la pauvreté intellectuelle du temps l'atterrent.

Bien loin de l'image navrante qu'a donnée de lui Ronsard, le présentant comme un braillard, un paillard, il faut voir en Rabelais un extraordinaire metteur en scène de l'âme humaine à travers ses œuvres majeures que sont *Pantagruel* (1532), *Gargantua* (1535), et surtout le *Tiers Livre* (1546) où, à travers une invention langagière jubilatoire, apparaît la misérable mesure des savoirs humains.

Protégé des rois François 1er, Henri II, du cardinal Jean Du Bellay dont il est le secrétaire à Rome, protégé ensuite par Guillaume Du Bellay, par tous ceux que sa présence ravissait, que son savoir éblouissait, Rabelais, dans ses ouvrages, a tendu à ses lecteurs un miroir si fidèle qu'ils ont cru y voir son portrait. Faut-il croire que Rabelais, sciemment, s'est ainsi mis en danger, risquant son image aux yeux de la postérité afin que celle-ci s'éveille lentement à la conscience de l'indigence humaine ? Peut-être…

« Tirez le rideau, la farce est jouée… » Ce sont les dernières paroles de Rabelais qui meurt au début de mars 1553. Relire son rôle nous éclaire singulièrement sur le nôtre…

Les irrésistibles

Pantagruel – 1532
Gargantua – 1535
Tiers Livre – 1546
Quart Livre – 1552
Cinquième Livre (posthume) – 1564

Citons l'auteur

« Science sans conscience n'est que ruine de

l'âme » – *Pantagruel*
« Rire est le propre de l'homme » – *Gargantua*
« Les heures sont faites pour l'homme, et non l'homme pour les heures » – *Gargantua*
« Ignorance est mère de tous les maux » – *Cinquième Livre*

Joachim Du Bellay

Liré, 1522 - Paris, 1560

« Heureux qui, comme Ulysse, a fait un beau voyage
Ou comme cestuy-là qui conquit la Toison,
Et puis est retourné plein d'usage et raison,
Vivre entre ses parents le reste de son âge !

Quand reverrai-je, hélas, de mon petit village
Fumer la cheminée, et en quelle saison
Reverrai-je le clos de ma pauvre maison,
Qui m'est une province et beaucoup davantage ? »

Un doux mélancolique, Joachim Du Bellay ? Un nostalgique plaintif ? Point du tout. Joachim Du Bellay est un révolutionnaire ! On a peine à le croire en lisant les deux strophes ci-dessus. Et pourtant, ce qu'il écrit à Rome, regrettant son « petit village », est beaucoup plus un exercice à la mode à cette époque que l'expression d'un véritable état d'âme. Joachim Du Bellay souffre sans doute du mal du pays, mais il demeure, même en Italie, lorsqu'il écrit *Les Regrets*, en 1555, un militant au service d'une nouvelle poésie.

Six ans plus tôt, en 1549, il a écrit, à la hâte, comme on édifie une barricade, la *Deffence et illustration de la langue françoyse*, afin de lutter contre ceux qui ne jurent que par la langue latine !

Du Bellay n'est pas seul dans cette entreprise : il a rencontré en 1547 Pierre de Ronsard. Tous deux, au collège de Coqueret, à Paris, ont suivi les cours du grand spécialiste de l'Antiquité et de l'Italie, Dorat. Avec quelques autres, Jacques Peletier du Mans, Jodelle, Baïf, Belleau, Pontus de Tyard, ils ont formé une brigade qui va devenir la Pléiade. Ils sont bien décidés à faire la révolution dans le genre poétique.

Au feu les Charles d'Orléans, François Villon, Clément Marot… et Thomas Sébillet, avocat au parlement de Paris qui les déclare parfaits ! Vive l'alexandrin si peu pratiqué alors, vive le sonnet si moderne à l'époque, vive la tragédie et la comédie à la façon des Grecs anciens !

Révolution aussi pour ce qui concerne la langue française : elle doit devenir la langue nationale, s'enrichir de nouveaux mots puisés dans le langage des ouvriers, des laboureurs, dans les anciens romans, elle ne doit plus être dominée par les langues anciennes, mais s'en inspirer pour créer son propre vocabulaire.

La Pléiade réussit sa révolution, au-delà de toute espérance, et même jusqu'à l'excès puisque, au début du XVIIe siècle, François de Malherbe devra effectuer un tri rigoureux parmi les mots nouveaux apparus dans la langue française devenue foisonnante et presque brouillonne…

Atteint de surdité, malade, perdant ses dents, ses cheveux, Du Bellay meurt subitement, à sa table de travail, le 1er janvier 1560, à Paris. Il était né en 1522, à Liré, près d'Ancenis.

Les irrésistibles

Défense et illustration de la langue française – 1549

L'Olive (sonnets) – 1550

Les Regrets – 1558

Citons l'auteur

« France, mère des arts, des armes et des lois, / Tu m'as nourri longtemps du lait de ta mamelle » – *Les Regrets*

« Je ne chante, Magny, je pleure mes ennuis, / Ou, pour le dire mieux, en pleurant je les chante, / Si bien qu'en les chantant, souvent je les enchante : / Voilà pourquoi, Magny, je chante jour et nuit » – *Les Regrets*

Pierre de Ronsard

La Possonnière, 1524 - Saint-Cosme-en-l'Isle, 1585

« Mignonne, allons voir si la rose / Qui ce matin avait déclose / Sa robe de pourpre au soleil, / A point perdu ceste vesprée / Les plis de sa robe pourprée / Et son teint au vostre pareil… » (*Ode « À sa maîtresse »*)

Mignonne ? Qui donc est cette mignonne qu'on interpelle lorsqu'on récite les premiers vers de l'ode « À sa maîtresse » ? Mignonne… séduisante, élégante, fine, belle, et fort gracieuse, elle s'appelle Cassandre Salviati. C'est la fille d'un banquier italien. Elle a treize ans, lorsque Ronsard, vingt et un ans, la voit pour la première fois en 1545, à Blois, lors d'une fête donnée en l'honneur du roi.

Le poète s'enflamme, échafaude mille et un projets – malgré une surdité quasi totale, due à des otites répétées... Hélas, l'année suivante, la belle Cassandre épouse un bon parti en la personne de Jacques de Peigné, seigneur de Pray.

Qu'importe ! Ronsard continue de l'aimer, mais platoniquement. Mieux, il fait de sa douleur d'amant déçu un fertile terreau sur lequel poussent odes imitées de l'antique et sonnets importés d'Italie.

À la façon de Pétrarque (1304-1374) et de son amour malheureux pour Laure, Ronsard va faire se succéder, dans ses odes, sonnets ou autres formes poétiques, des « Marie » ou des « Hélène » qui, repoussant ses ardeurs, le transforment en « prince des poètes » (c'est ainsi que, modestement, il se présente lui-même...).

Mais Ronsard n'est pas que cet amoureux en échec, c'est surtout un passionné de culture grecque et latine, un poète de cour, l'ami des rois Henri II, Charles IX et Henri III. C'est le fondateur d'une brigade de jeunes poètes décidés à rénover la poésie, à lui offrir pour support une langue française enrichie des centaines de mots tout neufs qui lui manquent pour rivaliser avec le latin ! La brigade qui rassemble sept poètes devient, en 1563, la Pléiade, en référence aux sept filles d'Atlas changées en constellation, dans la mythologie.

Ronsard meurt le 27 décembre 1585, en son prieuré de Saint-Cosme, près de Tours, après avoir terminé la troisième édition de ses œuvres complètes. Il était né le 1er septembre 1524 au manoir de la Possonnière, non loin de Vendôme, dans le Loir-et-Cher. L'un de ses derniers sonnets se termine ainsi : « Adieu chers compagnons, adieu mes chers amis ! / Je m'en vais le premier vous préparer la place. »

Les irrésistibles

Quatre premiers livres des Odes – 1550
Les Amours de Cassandre – 1552
Les Amours de Marie – 1555
Hymnes – 1555
La Franciade (poème inachevé) – 1572
Sonnets pour Hélène – 1578

Citons l'auteur

« Cueillez, cueillez votre jeunesse : / Comme à cette fleur la vieillesse / Fera ternir votre beauté » – *Ode « À sa maîtresse »*

Michel de Montaigne

Château de Montaigne, 1533 - Château de Montaigne, 1592

« Les choses ne sont pas si douloreuses, ny difficiles d'elles-mesmes : mais nostre foiblesse et lascheté les fait telles. Pour juger des choses grandes et haultes, il faut une âme de mesme, autrement nous leur attribuons le vice qui est le nostre. Un aviron droit semble courbe en l'eau. Il n'importe pas seulement qu'on voye la chose, mais comment on la voye. » (*Livre I, chapitre 14.*)

« Le parler que j'ayme, c'est un parler simple et naïf, tel sur le papier qu'à la bouche ; un parler succulent et nerveux, court et serré. » (*Livre I, chapitre 26.*)

« ... de mesmes, au langage, la recherche de frases nouvelles et de mots peu cogneuz vient d'une ambition puerile et pedantesque. Peusse-je ne me servir que de ceux qui servent aux hales de Paris ! » (*Livre I, chapitre 26.*)

« Au demeurant, ce que nous appelons ordinairement amis et amitiez, ce ne sont qu'accointances et familiaritez nouées par quelque occasion ou commodité, par le moyen de laquelle nos âmes s'entretiennent. En l'amitié dequoy je parle, elles se meslent et confondent l'une en l'autre, d'un melange si universel, qu'elles effacent et ne retrouvent plus la couture qui les a jointes. Si on me presse de dire pourquoy je l'aymois, je sens que cela ne se peut exprimer, qu'en respondant : “Par ce que c'estoit luy ; par ce que c'estoit moy.” » (*Livre I, chapitre 28.*)

Et peut-on dire pourquoi on aime Montaigne ? Parce que c'est lui ? Parce que, dans ses écrits, c'est de nous qu'il s'agit ? Parce que dès l'instant où l'on pénètre en sa demeure – *Les Essais* (1580, 1588) –, on se sent accueilli, compris, on se sait emporté vers le grand large des idées ; on aime la balade « à sauts et à gambades » (*Livre III, chapitre 9*) ; on se rassure ; on se dit même qu'on pourrait se passer de toute autre littérature…

Le 28 février 1533, Michel Eyquem est né dans le château de Montaigne dont il portera le nom. Son père, Pierre, revenu des guerres d'Italie en 1528, a épousé Antoinette de Loupes, descendante d'une famille de Juifs espagnols fortunés, chassés vers le Portugal, et puis chassés encore, vers la France où ils se sont établis, dans le Midi. Après avoir joué un rôle politique important dans la France des années 1560, après avoir fait partie du parlement de Bordeaux, Michel sera élu maire de sa ville en septembre 1580, apprenant la nouvelle de son élection alors qu'il est en voyage en Italie où il a rencontré le pape Grégoire XIII.

La même année, en mars, il publie les deux premiers livres de ses Essais, commencés en 1571 lorsqu'il a décidé de se retirer du monde et de ses servitudes ; il s'est installé dans la tour de son château, en sa « librairie » où tous les jours, depuis, il soigne les mal nourris des doutes de la vie.

Le troisième livre des *Essais* paraît en juin 1588.

Mort, Montaigne ? On le dit : ce fut un dimanche, le 13 septembre 1592, lors de la messe. Montaigne, plus vivant que jamais, dans ses *Essais.*

Les irrésistibles

Les Essais – 1580, les deux premiers livres ; 1588, le troisième livre

Citons l'auteur

« Nous ne sommes savants que de la science présente » – *Livre I, chapitre 25*

•

Pierre Corneille

Rouen, 1606 - Paris, 1684

Le 28 juillet 1667, Pierre Corneille, l'auteur du *Cid*, est cité à comparaître devant le commissaire de police de son quartier. Motif : devant son domicile de la rue de Cléry, à Paris (aujourd'hui dans le 2e arrondissement), on a trouvé un petit tas de paille. Corneille explique que cette paille a servi de matelas pour transporter sur une civière son deuxième fils, blessé au siège de Douai, dans le Nord, ville vaincue en trois jours par Vauban ! Peine perdue : le grand Corneille devra payer une amende.

Corneille n'habite Paris que depuis deux années, ayant toujours vécu à Rouen, dans la maison familiale, près du Vieux-Marché, rue de la Pie – aujourd'hui transformée en musée Corneille. Il y a vu le jour le 6 juin 1606, dans une famille bourgeoise aisée.

Élève doué chez les jésuites, il devient avocat à dix-huit ans. Amoureux, il fait de celle qu'il aime l'héroïne de sa première pièce de théâtre :

Mélite. Hélas, la belle en épouse un autre. *Mélite* est confiée à une troupe de comédiens qui en fait un triomphe, à Paris !

Avocat du roi au siège des Eaux et Forêts de Rouen, Corneille va partager son temps entre ses obligations d'homme de loi et l'écriture. Les comédies qu'il fait jouer dans la capitale obtiennent un tel succès que Richelieu lui-même, qui a pris le contrôle de la création littéraire, lui demande de faire partie du groupe des cinq écrivains officiels à son service !

En 1636, *L'Illusion comique* étonne et séduit. En 1637, Paris se passionne pour *Le Cid*, tragicomédie où l'honneur et l'amour se livrent un combat dont l'issue demeure incertaine jusqu'à la fin. Seul Richelieu n'apprécie pas cette histoire d'amours contrariées : il aurait aimé que Corneille écoutât ses conseils d'écriture, car il est persuadé de posséder des talents d'auteur dramatique !

Il faut l'intervention du roi pour empêcher Richelieu de nuire à la carrière de Corneille qui devient bientôt une sorte de poète officiel admiré et respecté.

Après le succès d'*Horace* en 1640, il épouse Marie de Lampérière qui lui donnera six enfants, et… une belle-sœur, car Thomas, le frère de Pierre, choisit pour femme Marguerite, la sœur de Marie. Thomas et Pierre sont inséparables ; souvent c'est celui-là qui trouve les rimes pour celui-ci…

À partir de 1650, le succès de Corneille diminue : il a eu le malheur de déplaire au cardinal Mazarin dans l'une de ses tragédies. En 1662, il décide alors de migrer vers Paris où il obtient la faveur de Louis XIV. Mais l'étoile montante de la tragédie, Jean Racine, atteint bientôt son zénith, et Corneille son nadir. Sa dernière pièce, *Suréna* (1674), n'obtient aucun succès. Le maître de l'alexandrin meurt oublié, dix ans plus tard, le 1er octobre 1684.

Les irrésistibles :

L'Illusion comique – 1636
Le Cid – 1637
Horace – 1640
Cinna – 1641
Polyeucte – 1642
Le Menteur – 1644
Rodogune – 1644
Suréna – 1672

Citons l'auteur

« Ô rage, ô désespoir, ô vieillesse ennemie ! » – *Le Cid*

« Je suis jeune il est vrai, mais aux âmes bien nées / La valeur n'attend point le nombre des années » – *Le Cid*

« Mes pareils à deux fois ne se font point connaître, / Et pour leurs coups d'essai veulent des coups de maître » – *Le Cid*

« À qui venge son père, il n'est rien d'impossible. / Ton bras est invaincu, mais non pas invincible » – *Le Cid*

« À vaincre sans péril, on triomphe sans gloire » – *Le Cid*

Molière

Paris, 1622 - Paris, 1673

Jeudi 24 octobre1658. Le roi Louis XIV assiste à la représentation d'une pièce de Corneille, *Nicomède*, au Louvre. Entouré de sa cour, il s'ennuie, il bâille, jusqu'à la fin du spectacle.

Une deuxième pièce est prévue au programme. Une comédie. Le roi soupire, voudrait partir, mais il reste, intrigué par le personnage qu'il vient de voir surgir sur la scène. Ce personnage – le *Docteur amoureux* – fait bientôt rire aux larmes le roi, qui demande aussitôt qu'on lui présente l'acteur qui l'a tant diverti. Ainsi Jean-Baptiste Poquelin, dit Molière, fait-il la connaissance de celui qui le protégera jusqu'à la fin de sa vie, devenant même le parrain de ses enfants, le Roi-Soleil !

Molière n'est pas un débutant dans la carrière de comédien. Né à Paris en janvier 1622, élevé par son grand-père Louis Cressé qui l'emmène souvent voir les comédiens italiens sur le Pont-Neuf, le petit Jean-Baptiste fait de bonnes études chez les jésuites. Plutôt que de reprendre la charge de tapissier du roi détenue par son père, il choisit de fonder la compagnie de l'Illustre-Théâtre qui, après un succès triomphal en 1644, fait faillite, faute de soutien financier.

Les principaux acteurs de cette troupe – Molière et les Béjart –, protégés d'abord par le duc d'Épernon, puis par le prince de Conti, quittent Paris pour treize années. Ils jouent en Bretagne, puis en Languedoc (Montpellier, Pézenas, Béziers) ; à Lyon, ensuite ; à Rouen enfin, où Corneille les prépare à affronter Paris en 1658.

Jusqu'à sa mort, le 17 février 1673, en son domicile de la rue de Richelieu, après avoir dû interrompre une représentation du *Malade imaginaire* – et non sur scène –, Molière enchaîne les succès et ravit le roi – qui doit pourtant le défendre contre l'agressive faction des dévots, intégristes catholiques qui ne supportent pas que leur hypocrisie soit dévoilée dans *Tartuffe* (1664).

Aujourd'hui, les comédies de Molière, qu'elles soient en prose ou en vers, demeurent d'une étonnante actualité ; les types humains qui y sont développés – un avare, un malade imaginaire, un parvenu ou bourgeois gentilhomme, un misanthrope… – continuent de revêtir au quotidien les ridicules qui ont été portés sur la scène voilà trois siècles et demi.

Les irrésistibles

Les Précieuses ridicules – 1659
L'École des femmes – 1662
Dom Juan – 1665
Le Médecin malgré lui – 1666
Le Misanthrope – 1666
George Dandin – 1668

L'Avare – 1668
Le Bourgeois gentilhomme – 1670
Les Fourberies de Scapin – 1671
Les Femmes savantes – 1672
Le Malade imaginaire – 1673

Citons l'auteur

« Je vis de bonne soupe et non de beau langage » – *Les Femmes savantes*
« Un sot savant est sot, plus qu'un sot ignorant » – *Les Femmes savantes*
« Presque tous les hommes meurent de leurs remèdes, et non pas de leurs maladies » – *Le Malade imaginaire*

Jean de La Fontaine

Château-Thierry, 1621 - Paris, 1695

Ils sont cinq autour d'une bonne table. Ils sont venus pour faire bonne chère (c'est-à-dire bonne « chière », ce terme désignant, en ancien français, la tête, le visage ; quand on fait bonne chère, on montre un bon visage, une tête réjouie, lors d'un dîner par exemple ; l'orthographe faire bonne

« chair » est donc fautive, car faire bonne chère, ce n'est point forcément déguster de la bonne chair, de la bonne viande...). La scène se passe chez Molière en 1670.

Il y a là Jean Racine, tout fier du succès de sa dernière tragédie : *Bérénice*; il y a Nicolas Boileau, célèbre pour ses Satires, publiées de 1660 à 1668 ; il y a Descoteaux qui joue de la flûte à merveille ; il y a Molière qui reçoit ; enfin, voici celui qu'on appelle avec familiarité, avec attendrissement, et parfois avec ironie : « le Bonhomme ». Le Bonhomme, c'est Jean de La Fontaine.

Présent par le corps, La Fontaine, mais l'esprit toujours ailleurs, on ne sait où ! Lui parle-t-on ? Il ne répond pas ; à peine tourne-t-il son large et bon visage vers celui qui l'interpelle, puis il retrouve les délices de ses méditations secrètes et solitaires.

On raconte même qu'un jour il a demandé : « Qui est donc ce jeune homme fort courtois qui m'a parlé pendant une heure ? » C'était son fils...

Le souper chez Molière se déroule dans une si bonne humeur que Jean Racine, toujours prêt à lancer quelque propos mordant, se gausse du Bonhomme, de son étourderie, de sa façon d'être un peu pataude ; Boileau pousse l'enchère, et Descoteaux le suit. Seul Molière se tait, il trouve que ses amis exagèrent. Se penchant vers son voisin, il dit alors : « Ne nous moquons pas du Bonhomme, il vivra peut-être plus que nous... »

Molière voit juste. La Fontaine et ses fables demeurent des valeurs sûres, et, si l'on excepte le jugement excessif de Jean-Jacques Rousseau qui doute que les enfants comprennent les apologues du Bonhomme, leur lecture demeure un pur plaisir pour tous les âges.

La Fontaine n'a inventé (presque) aucune des histoires racontées dans les fables. Il s'est inspiré de celles qu'ont créées les fabulistes grecs, latins, indiens, les auteurs de fabliaux du Moyen Âge...

Son génie, c'est d'en avoir revu la mise en scène, d'avoir porté à son point de perfection l'art de la narration à l'aide d'un français pur, élégant, que le temps n'altère pas.

La Fontaine est né à Château-Thierry le 8 juillet 1621. Il vit une enfance heureuse auprès de son père Charles et de sa mère Françoise Pidoux. Il se marie à vingt-six ans, hérite de la charge de maître des Eaux et Forêts qu'occupait son père, mais seule la littérature l'intéresse. En 1665, il publie ses *Contes et Nouvelles* en vers, histoires assez lestes qui lui valent une réputation de libertin.

En 1668, paraissent les six premiers livres des *Fables choisies* mises en vers, avec une dédicace « À Monseigneur le Dauphin », fils de Louis XIV. Ils assurent à La Fontaine une gloire qui ne connaîtra pas d'éclipse.

Dix ans plus tard, en mai 1678, les livres VII et VIII sont publiés, suivis en 1679 des livres IX, X et XI. En 1693, paraîtra le livre XII.

Élu à l'Académie française en 1683, La Fontaine meurt le 13 avril 1695, après avoir renié ses contes licencieux – toujours lisibles aujourd'hui…

Les Irrésistibles

Élégie aux nymphes de Vaux – 1661
Contes – 1665-1674
Fables – 1668-1693

Citons l'auteur

« Garde-toi, tant que tu vivras, / De juger des gens sur la mine » – *Le Cochet, le Chat et le Souriceau*

« Apprenez que tout flatteur / Vit aux dépens de celui qui l'écoute » – *Le Corbeau et le Renard*

« Rien ne sert de courir, il faut partir à point » – *Le Lièvre et la Tortue*
« Amour, Amour, quand tu nous tiens, / On peut bien dire : "Adieu prudence !" » – *Le Lion amoureux*
« Patience et longueur de temps / Font plus que force ni que rage » – *Le Lion et le Rat*
« La raison du plus fort est toujours la meilleure » – *Le Loup et l'Agneau*
« En toute chose il faut considérer la fin » – *Le Renard et le Bouc*

Jean Racine

La Ferté-Milon, 1639 - Paris, 1699

1660. Le cœur de Paris s'emballe chaque soir. Dans les auberges, la braise des cheminées et des regards échauffe chairs et esprits. La jeunesse insouciante, lettrée ou bagarreuse, ou les deux à la fois, anime les rues jusqu'au petit jour.

Parmi les joyeux fêtards, on remarque souvent un jeune homme d'environ vingt ans, accompagné de son cousin un peu gourd, pataud, un peu bonhomme, mais bien gaillard, la quarantaine fleurie… Le jeune homme est domicilié 7, rue Jacob, chez son cousin Vitart ; le quadragénaire vit tout près de là, en compagnie de son épouse chez l'oncle de celle-ci, Jannart, quai des Grands-Augustins.

Trop, c'est trop : le jeune homme (c'est Jean Racine) se dévoie en suivant les pas et l'exemple de son viveur de cousin (c'est un autre Jean : Jean de La Fontaine !) ; l'oncle Vitart en avertit un autre membre de la famille, Sconin, vicaire général de l'évêché d'Uzès.

Quelques mois plus tard, voici Jean Racine dans le Midi, prié de prier afin d'obtenir le bénéfice d'une abbaye. La nature méridionale ne lui déplaît pas : il termine ainsi une lettre écrite à Vitart : « … et nous avons des nuits plus belles que vos jours. »

Mais la vie ecclésiastique en éteignoir rebute le fougueux jeune homme qui revient à Paris, rue Jacob.

L'oncle Vitart exige du travail. Le neveu s'exécute et signe une *Ode sur la convalescence du roi* (Louis XIV). Publié en juin 1663, ce galop d'essai lui vaut une modeste pension.

Du travail ? En voici encore – plutôt du

labeur… : La Thébaïde, tragédie en vers, est interprétée par la troupe de Molière le 20 juin 1664 ; elle n'obtient aucun succès.

Du travail encore ? Oui, mais avec bien du talent : en 1665, Alexandre le Grand, tragédie, confiée de nouveau à la troupe de Molière, obtient un immense succès. Racine décide alors de la retirer à Molière et de la faire jouer par la compagnie rivale : la prestigieuse troupe de l'Hôtel de Bourgogne ! La brouille entre les deux hommes va durer plusieurs années.

1667. Racine a du génie. C'est ce qui court dans Paris après la nouvelle tragédie qu'il a fait jouer : *Andromaque.*

Saura-t-il faire rire quelque jour ? Oui : en 1668, la comédie *Les Plaideurs* amuse follement le roi, et, forcément, toute la cour et tout Paris rient !

Point d'éclipse pour le génie racinien ensuite : cinq tragédies sont jouées jusqu'en 1674, cinq triomphes qui portent Racine l'académicien depuis 1672 au faîte de la gloire.

1677 : le fiel, la lâcheté et la jalousie des médiocres, à l'œuvre depuis des années, font tomber la nouvelle pièce de Racine, *Phèdre.* Déçu, il n'écrira plus pour la scène.

Nommé historiographe du roi, il va désormais suivre le monarque, en compagnie de Boileau, à Versailles et sur les champs de bataille, afin d'écrire par le menu ce qu'il a vu. Cette même année, il épouse une jeune fille de vingt-cinq ans, Catherine Romanet, qui lui donnera sept enfants, et ignorera toute sa vie la plupart des écrits de son mari.

Retour à la scène, en 1689, à la demande de Mme de Maintenon, avec *Esther*, tragédie biblique, puis, en 1691, avec *Athalie* – la reine qui a cru tuer toute sa famille et que visite en songe sa mère Jézabel : « Ses malheurs n'avaient point abattu sa fierté ; / Même elle avait encor cet éclat emprunté / Dont elle eut soin de peindre et d'orner son visage, / Pour réparer des ans l'irréparable outrage. »

Retiré rue Visconti – à l'époque, rue des Marais-Saint-Germain –, Racine succombe à un cancer du foie, le 21 avril 1699. Il était né à La Ferté-Milon (dans l'Aisne), le 22 décembre 1639.

Les irrésistibles

Andromaque – 1667
Les Plaideurs – 1668

Britannicus – 1669
Bérénice – 1670
Bajazet – 1672
Mithridate – 1673
Iphigénie – 1674
Phèdre – 1677
Esther – 1689
Athalie – 1691

Citons l'auteur

« Pour qui sont ces serpents qui sifflent sur vos têtes ? » – *Andromaque*

« Je t'aimais inconstant, qu'aurais-je fait fidèle ? » – *Andromaque*

« Dans un mois, dans un an, comment souffrirons-nous, / Seigneur, que tant de mers me séparent de vous ? / Que le jour recommence et que le jour finisse / Sans que jamais Titus puisse voir Bérénice, / Sans que de tout le jour je puisse voir Titus ? / Mais quelle est mon erreur, et que de soins perdus ! » – *Bérénice*

« Ariane, ma sœur, de quel amour blessée / Vous mourûtes aux bords où vous fûtes laissée ? » – *Phèdre*

Montesquieu

La Brède, 1689 - Paris, 1755

– Montesquieu ? À l'Académie ? Vous n'y pensez pas… !
– Sire, c'est Mme de Lambert qui…
– Mais enfin, Fleury, Mme de Lambert, Mme de Lambert…
– Sire, vous le savez, elle a déjà fait élire au moins la moitié de l'Académie…

Ce dialogue entre Louis XV et son premier ministre André Hercule de Fleury se déroule à Versailles, en novembre 1727.

Absolue, la monarchie, en ce temps-là ? Point tant qu'on le croit. L'entrée à l'Académie française est soigneusement filtrée par la marquise de Lambert (1647-1733) qui impose ses choix, même au roi ! Elle tient salon dans son vaste appartement de la rue de Richelieu, y reçoit le mardi les gens de lettres, le mercredi les gens de qualité.

Charles-Louis de Secondat, baron de La Brède et de Montesquieu, né fortuné le 18 janvier 1689 à La Brède, près de Bordeaux, auteur des malicieuses *Lettres persanes* (1721) où il brocarde la France et les Français, amateur de sciences et de bonne chère, ancien président du parlement de Bordeaux, fut-il reçu un mardi ou un mercredi par la marquise ? Les deux jours sans doute ne suffirent pas à satisfaire la marquise qui entretint avec Montesquieu une intimité qu'il faut imaginer consacrée aux seules choses de l'esprit, alors que la rumeur colporta à l'époque bien d'autres choses…

Donc, voici Montesquieu à l'Académie française en janvier 1728. Aussitôt, il entreprend de longs voyages qui vont le conduire en Autriche, en Hongrie, en Italie, en Allemagne, en Hollande, en Angleterre où il séjourne plus d'une année.

De retour à La Brède en 1734, il occupe son temps à la gestion de son immense fortune, se passionne pour ses vignes, met de l'ordre dans les notes qu'il a prises au cours de ses voyages, multiplie les lectures dans sa riche bibliothèque, et rédige l'œuvre de sa vie : *L'Esprit des lois*, paru en 1748, grâce à Mme de Tencin ; celle-ci tenait à Paris un salon aussi réputé que celui de Mme de Lambert, morte en 1733, et se plaisait à appeler Montesquieu son « petit Romain », rappelant ainsi le livre qu'il avait publié en 1734 : *Considérations sur les causes de la grandeur des Romains et de leur décadence.*

Dans *L'Esprit des lois*, Montesquieu conduit une réflexion sur la façon de se garantir contre les excès du pouvoir absolu, en instaurant, par exemple, une monarchie constitutionnelle ; il démontre à sa façon que les lois de chaque pays entretiennent d'étroites relations avec les mœurs, la religion qui y sont pratiquées, avec le climat, le commerce et la nature même des sols. Enfin, il conseille la séparation des pouvoirs législatif, exécutif et judiciaire. *L'Esprit des lois* inspirera la première Constitution française, en 1791, et les suivantes.

Montesquieu meurt presque aveugle, le 10 février 1755, à Paris, d'une « fièvre chaude ».

Les irrésistibles

Lettres persanes – 1721
L'Esprit des lois – 1748

Citons l'auteur

« La propreté est l'image de la netteté de l'âme » – *Lettres persanes*

« La politique est une lime sourde et qui parvient lentement à sa fin » – *L'Esprit des lois*
« Il est mille fois plus aisé de faire le bien que de le bien faire » – *L'Esprit des lois*
« Une religion qui peut tolérer les autres ne songe guère à sa propagation » – *L'Esprit des lois*

Voltaire

Paris, 1694 - Paris, 1778

1744. Voltaire a cinquante ans. Le comte d'Argenson, qui fut son condisciple chez les jésuites du collège Louis-le-Grand en 1710, est devenu secrétaire d'État à la guerre. C'est lui qui conseille Louis XV lors de la guerre de Succession d'Autriche. C'est lui qui ramène la paix… entre le roi et Voltaire.

Quel fut donc leur conflit ? Il faut remonter jusqu'en 1725.

En décembre de cette année-là, François-Marie Arouet – qui a choisi, en 1718, le pseudonyme Voltaire en faisant l'anagramme de son nom : Arouet L. I. (le jeune) – ridiculise le chevalier de Rohan qui le fait ensuite rosser puis embastiller !

Voltaire quitte alors la France pour l'Angleterre où il découvre un système politique à ses yeux idéal : la monarchie constitutionnelle.

De retour à Paris en 1730, il rapporte de son séjour outre-Manche les *Lettres anglaises*, devenues les *Lettres philosophiques*, publiées en 1732, et qui attaquent violemment la monarchie absolue. Cette publication provoque un tel scandale que Voltaire doit fuir Paris, laissant derrière lui un petit bûcher sur lequel ses Lettres finissent de se consumer…

Pendant dix ans, à Cirey-en-Champagne, en compagnie de l'intelligente et spirituelle Émilie Du Châtelet, il va composer des tragédies, écrire des essais, une vie de Molière (1739).

Nommé diplomate à Berlin en 1743, il donne satisfaction au point d'envisager un retour à la cour.

C'est donc chose faite en 1744, non seulement grâce à d'Argenson, mais avec l'appui inconditionnel de la marquise de Pompadour, favorite et conseillère influente de Louis XV.

Au feu les querelles anciennes ! Voltaire est couvert d'honneurs. Nommé historiographe du roi en 1745, il est élu à l'Académie française – à l'unanimité ! – le 2 mai 1746. C'est l'époque où il écrit : « Si Dieu envoyait sur terre un ministre de sa volonté céleste pour réprimer nos abus, il commencerait par faire ce qu'a fait Louis XV »...

L'embellie ne dure pas. Voltaire ne peut s'empêcher de mélanger à ce qu'il dit ou écrit de l'acide qui corrode ses relations au point qu'on lui retire sa charge d'historiographe. En 1750, il s'enfuit auprès du roi de Prusse à Berlin : Frédéric II.

Hélas, Frédéric II se lasse aussi de l'ironie voltairienne, et le trublion effectue, en 1753, un retour sans gloire vers Genève, car la France refuse de l'accueillir, son *Abrégé d'Histoire universelle* ayant déplu. En Suisse, il déplaît aussi par ses articles. On le chasse. Il va s'établir à la frontière franco-suisse, à Ferney, petit village de soixante personnes, qu'il transforme peu à peu en ruche bourdonnante, à la pointe des techniques les plus modernes en agriculture et... pour la fabrication des montres.

Ferney devient aussi un centre vers lequel toutes les intelligences de l'Europe convergent par lettres ou diligence – même celle de Jean-Jacques Rousseau qu'il se plaît à maltraiter.

On visite le « patriarche » qui défend les causes désespérées (Jean Calas, le chevalier de La Barre,

Sirven) ; on admire l'auteur des *Contes philosophiques* et du *Dictionnaire philosophique portatif* où sont attaqués le fanatisme, l'intolérance, la mauvaise foi ; on y rêve d'un monde futur, débarrassé d'un système aristocratique paralysant.

Le 5 février 1778, Voltaire part pour Paris qu'il n'a pas revu depuis vingt-cinq ans ! Il y fait un séjour triomphal qui se termine au premier étage de l'hôtel particulier du marquis de Villette, quai des Théatins (depuis, quai Voltaire). Assisté de sa nièce, Mme Denis – fille de sa sœur – dont il avait fait sa compagne, Voltaire y rend son dernier soupir le 30 mai, à quatre-vingt-quatre ans, victime d'une crise d'urémie.

Les irrésistibles

Lettres philosophiques – 1734
Zadig ou la Destinée – 1748
Micromégas – 1752
Candide ou l'Optimisme – 1759
Traité sur la tolérance – 1763
Jeannot et Colin – 1764
Dictionnaire philosophique portatif – 1764
L'Ingénu – 1767

Citons l'auteur

« Qui n'aime point les vers a l'esprit sec et lourd » – *Épîtres*

« Dieu n'a créé les femmes que pour apprivoiser les hommes » – *L'Ingénu*

« Le travail éloigne de nous trois grands maux : l'ennui, le vice et le besoin » – *Candide*

« L'univers m'embarrasse, et je ne puis songer / Que cette horloge existe et n'ait point d'horloger » – *Les Cabales*

« Les femmes sont comme les girouettes : elles se fixent quand elles se rouillent » – *Le Sottisier*

Denis Diderot

Langres, 1713 - Paris, 1784

– Dis-moi, Denis, quelle est l'occupation de cette charmante personne, cette... Anne-Toinette Champion ? Que fait-elle de ses jours, là-bas, dans ce Paris où tu vis depuis tes seize ans, maintenant que tu en as vingt-neuf ?

– Je vous assure, père, qu'Anne-Toinette est la plus charmante créature qui soit, et qu'elle seule saura faire mon bonheur. Son occupation, ses journées… Elle les passe avec sa mère, toutes deux font le commerce de dentelles, de linge…

Le dialogue entre Didier Diderot, maître coutelier fortuné à Langres, et l'aîné de ses sept enfants, Denis, s'interrompt là. Le père fait conduire le fils dans un couvent, avec recommandation de l'enfermer dans une cellule dont il ne pourra s'échapper, jusqu'à ce qu'il revienne à la raison !

C'est que Didier Diderot avait imaginé alliance plus flatteuse pour son garçon dont la vive intelligence avait ravi les maîtres jésuites du collège de Langres, jusqu'en 1729, année où le prodige partit pour le collège d'Harcourt à Paris.

Une lingère, non ! Eh bien, si ! Puisqu'on a fermé à clé la porte de sa cellule, Denis passe par la fenêtre, regagne la capitale à toute allure, et épouse Anne-Toinette dès qu'il a atteint ses trente ans, en 1743 – ainsi, son père ne peut plus le déshériter.

Que fait donc Diderot à Paris, et quelles sont ses occupations ? Pour la période qui va de 1732, année de sa maîtrise ès arts, à 1741 lorsqu'il rencontre Anne-Toinette, on dispose de fort peu de réponses, et peut-être que c'est mieux ainsi…

Ensuite, le génial Diderot entre sur la scène des lettres françaises. Il publie d'abord, en 1746, des *Pensées philosophiques*, suivies en 1749 de la *Lettre sur les aveugles*, à l'usage de ceux qui voient. Les opinions qu'il y expose sont tellement hardies qu'il est arrêté et emprisonné au donjon de Vincennes.

Mais le libraire Le Breton réclame sa libération, et l'obtient : depuis 1746, Diderot travaille en collaboration avec d'Alembert à ce qui va devenir la plus vaste entreprise d'édition des connaissances au XVIIIe siècle : l'*Encyclopédie* ou *Dictionnaire raisonné des sciences, des arts et des métiers*. Cette entreprise s'étale sur plus de vingt ans, jusqu'en 1772, mobilise plus de deux cents collaborateurs – dont Rousseau, Voltaire… Jugée dangereuse, contraire à la religion, interdite en 1759, elle doit être imprimée et diffusée dans la clandestinité.

Ce travail colossal n'empêche pas Diderot d'écrire des romans – *Le Neveu de Rameau*, commencé en 1762, *Jacques le Fataliste*, en 1765 –, des essais, de vivre une passion extraordinaire avec Sophie Volland – leur correspondance est une merveille de sensibilité et d'intelligence.

Diderot se passionne aussi pour l'art, visite les expositions du temps, les commente, y ajoute ses propres théories, le tout composant ses *Salons annuels* publiés dans un supplément de l'*Encyclopédie*, et qui inaugurent la critique d'art.

Le 31 juillet 1784, Diderot s'éteint dans son fauteuil, six mois après Sophie. Ses œuvres romanesques ne sont découvertes qu'au siècle suivant.

Les irrésistibles

La Religieuse – 1760
Le Neveu de Rameau – 1762
Jacques le Fataliste – 1765

Citons l'auteur

« Je puis tout pardonner aux hommes, excepté l'injustice, l'ingratitude et l'inhumanité » – *La Religieuse*

« Je ne sais ce que c'est des principes sinon des règles qu'on prescrit aux autres pour soi » – *Jacques le fataliste*

Jean-Jacques Rousseau

Genève, 1712 - Ermenonville, 1778

Il faut être vigilant quand on a décidé d'entrer dans le cerveau de Rousseau. C'est immense, c'est un dédale de sentiments, d'idées qu'il faut parcourir avec le plan initial du propriétaire des lieux : l'homme est bon, par nature, et la société le corrompt.

Informé de ce postulat de base, on suit des pistes, fort longues, ramifiées, regroupées, en évitant les ornières trop sensibles, les accidents de pensée, les collisions d'opinions, et l'on débouche en un pays d'utopie où les habitants ont tous souscrit une sorte d'assurance de survie : le « contrat social ».

Qu'est-ce ? Il s'agit d'une convention passée entre tous les membres d'un groupe humain, afin d'atteindre le bien commun. Et par quels moyens ? On supprime le luxe, il excite la convoitise. On limite les fortunes. On écrête tout ce qui dépasse (même le meilleur, Jean-Jacques ?...) afin de parvenir à l'égalité.

Le peuple alors devient souverain. Il n'a qu'un souci, une obsession : le bien commun. Les lois élaborées par le peuple sont appliquées par les gouvernants qu'il s'est choisis. Et si ces gouvernants agissent pour leur intérêt personnel, on les destitue.

Pour plus de détails encore sur ce parcours, il faut se reporter au guide dont les grandes figures de la Révolution firent leur bréviaire : *Du contrat social*, publié en 1762.

Tout cela s'est-il réalisé ? Ce qui, dans l'esprit de Rousseau, n'était qu'une utopie a-t-il pris corps et forme dans nos sociétés ? C'est à chacun de décider…

Jean-Jacques Rousseau est né en 1712 à Genève, ville qu'il fuit à seize ans pour Annecy où l'attend Mme de Warens qui l'initie à la culture en général, et domestique beaucoup de ses enthousiasmes juvéniles.

L'idée de l'inégalité lui étant insupportable, il n'a de cesse, à travers ses *Discours*, d'en chercher les causes, de lui apporter des remèdes, tout en s'occupant aussi d'éducation – même s'il abandonne ses cinq enfants – dans *Émile* (1762).

Politique et pédagogie n'occupent pas tout le « cerveau Rousseau ». La plus grande part – la meilleure ou la pire, à chacun, une fois encore, de décider… – y est réservée à l'amour. Naïf ou pervers, naturel dans ses improvisations plurielles, enchanté, sublimé, l'amour façon Jean-Jacques épouse parfaitement l'imaginaire en quête d'idéal.

Enfin, qui lit Rousseau en entier doit savoir qu'il lui faudra disposer d'environ quatre semaines ; quatre semaines pour un long « moi », exposé sans retenue dans *Les Confessions* et *Les Rêveries d'un promeneur solitaire* – œuvres posthumes qui closent et ouvrent à la fois la visite du cerveau de Rousseau, éteint le 2 juillet 1778, un mois après celui qui le fit tant souffrir : le cerveau d'Arouet, dit Voltaire.

Les irrésistibles

Le Devin de village (opéra) – 1752
Julie ou la Nouvelle Héloïse – 1761
Du contrat social – 1762
Émile ou De l'éducation – 1762
Les Confessions – écrites de1765 à 1770
Les Rêveries d'un promeneur solitaire – écrites de 1776 à 1778

Citons l'auteur

« La foi de beaucoup d'hommes est une affaire de géographie » – *Émile ou De l'éducation*

Beaumarchais

Paris, 1732 - Paris, 1799

Quel est le plus passionnant roman d'aventures du XVIIIe siècle ? La vie de Beaumarchais...

Tout commence bien : le 24 juin 1732, le petit Pierre-Augustin Caron naît dans un milieu bourgeois ouvert où on aime le théâtre, la lecture et le débat d'idées. Entouré de ses cinq sœurs et de ses parents, il aurait pu grandir en âge et en sagesse, et reprendre l'activité lucrative de son père : l'horlogerie. Le roman eût été court...

Mais Pierre-Augustin, en apprentissage chez son père, invente un système d'échappement pour les montres, système dont s'empare le célèbre horloger Le Paute à qui il l'a présenté.

Que faire ? Pierre-Augustin trouve l'arme la plus efficace pour sa défense : sa plume ! Et il s'en sert de façon très moderne : il alerte l'opinion dans la presse. L'affaire se règle à son avantage. Le voici célèbre, doué pour l'horlogerie, l'écriture, la musique – il devient maître de musique des filles de Louis XV, et perfectionne la harpe –, mais aussi surdoué en affaires...

Pierre-Augustin réussit à intéresser le roi à

l'École militaire financée par le banquier Pâris-Duverney qui, reconnaissant, fait sa fortune. Mais dans le même temps, il perd sa première épouse, la veuve Franquet, qui lui avait apporté en mariage un petit héritage : le Bois Marchais. Pierre-Augustin en conserve le nom dont il soude les deux parties. Désormais, il se fait appeler Pierre-Augustin Caron de Beaumarchais…

1764 : en Espagne, il vole au secours de sa sœur abandonnée par un amoureux qui ne l'est plus – mais en réalité, il met sur pied une affaire qui doit lui rapporter beaucoup d'argent, tout en jouant un rôle d'agent secret.

Retour en France. En 1768, il épouse une veuve fort riche qui meurt en 1770, en même temps que Pâris-Duverney. Il gagne plusieurs procès, vit mille et une aventures amoureuses, écrit des pièces fort lestes, en ébauche d'autres qui annoncent ses chefs-d'œuvre, poursuit à travers l'Europe un mystérieux auteur de pamphlets contre le roi de France… qui le paie généreusement pour cette mission – on croit savoir que ce mystérieux harceleur pamphlétaire n'était autre que… Beaumarchais !

En 1775, il organise un vaste trafic d'armes au

bénéfice des insurgents d'Amérique qui peuvent ainsi remporter la victoire sur les Anglais et acquérir leur indépendance. Cette même année, le 25 février, sa comédie en quatre actes *Le Barbier de Séville* remporte un succès éclatant.

En 1777, furieux que les comédiens ne lui accordent qu'une infime partie de leurs gains sur ses pièces, il fonde la Société des auteurs dramatiques qui obtient une forte augmentation des droits d'auteur.

Le 27 avril 1784 est jouée pour la première fois en public l'étourdissante *Folle Journée* : *Le Mariage de Figaro*, farcie de répliques qui, pour ce temps-là, sont d'une incroyable audace. Le succès est triomphal !

Des affaires louches encore, des procès gagnés, perdus, une édition des œuvres de Voltaire qui lui fait perdre beaucoup d'argent, et puis la construction d'une somptueuse demeure, près de la Bastille, alors qu'éclate la Révolution française…

Beaumarchais sauve sa tête de justesse, émigre, revient à Paris en 1796, un peu oublié.

Il meurt le 18 mai 1799. Fin du roman, début de la légende…

Les irrésistibles

Le Barbier de Séville ou la Précaution inutile – 1775

Le Mariage de Figaro ou la Folle Journée – 1784

La Mère coupable ou l'Autre Tartuffe – 1792

Citons l'auteur

« Aux vertus qu'on exige d'un domestique, Votre Excellence connaît beaucoup de maîtres qui fussent dignes d'être valets ? » – *Le Barbier de Séville*

« Je me presse de rire de tout de peur d'être obligé d'en pleurer » – *Le Barbier de Séville*

« Sans la liberté de blâmer, il n'est point d'éloge flatteur » – *Le Mariage de Figaro*

« Qu'avez-vous fait pour tant de biens ? Vous vous êtes donné la peine de naître et rien de plus » – *Le Mariage de Figaro*

François-René de Chateaubriand

Saint-Malo, 1768 - Paris, 1848

« Tout me lasse : je remorque avec peine mon ennui et mes jours, et je vais partout bâillant ma vie »...

Cet ennui dont François-René de Chateaubriand se dit imprégné a-t-il contaminé ses écrits ? La réponse ne peut être donnée qu'après les avoir lus, si on parvient à mener cette tâche à son terme.

Car Chateaubriand a beaucoup écrit. La meilleure façon d'entrer dans ce monument de la littérature française est de visiter ses *Mémoires d'outre-tombe*, commencés en 1809, terminés en 1841.

Cette œuvre au style admiré est initialement divisée en quatre parties – auxquelles est substituée en 1846 une division en quarante-deux livres.

Dans la première partie, on suit l'auteur de sa naissance dans un milieu aristocrate fortuné à Saint-Malo – « Ma mère m'infligea la vie »... – à son exil de pauvre à Londres, en passant par sa présence à Paris au début de la Révolution, sa découverte de l'Amérique, son passage à Trèves en Allemagne dans l'armée des émigrés, sa blessure au siège de Thionville…

Chateaubriand se penche ensuite, dans la deuxième partie, sur sa carrière littéraire. Après l'*Essai historique sur les révolutions* (1797), il publie en 1801 un roman inspiré des paysages d'Amérique qu'il a traversés ; l'héroïne éponyme, Atala, préfère se donner la mort plutôt que de trahir son serment de virginité.

L'année suivante paraît le *Génie du christianisme* qui lui attire les bonnes grâces de Bonaparte, sans les honneurs espérés. Chateaubriand voyage en Grèce, en Espagne, puis revient en France, opposant au régime impérial.

Dans la troisième partie des Mémoires, on découvre la carrière politique de Chateaubriand : ministre de l'Intérieur pendant les Cent-Jours, ambassadeur à Berlin en 1821, ministre des Affaires étrangères entre 1822 et 1824, diplomate à Rome en 1828, opposant à Louis-Philippe en 1830.

« Quatrième et dernière carrière » ; cette partie où l'auteur multiplie bilans et considérations sur sa vie et celle du monde après lui se termine ainsi, entre le grandiose et le grandiloquent – on peut à son gré associer Chateaubriand et son style à celui-ci ou celui-là – : « Il ne me reste qu'à m'asseoir au bord de ma fosse : après quoi je descendrai hardiment, le crucifix à la main, dans l'éternité. » Chose faite le 4 juillet 1848. Sa tombe se trouve sur le rocher du Grand-Bé, face à Saint-Malo.

Les irrésistibles

Atala – 1801
René – 1802
Génie du christianisme – 1802
Les Martyrs – 1809
Vie de Rancé – 1844
Mémoires d'outre-tombe – 1848

Citons l'auteur

« On transmet son sang, on ne transmet pas son génie – *Mémoires d'outre-tombe*
« Le salaire n'est que l'esclavage prolongé » – *Mémoires d'outre-tombe*
« L'amitié ? Elle disparaît quand celui qui est aimé tombe dans le malheur, ou quand celui qui aime devient puissant » – *Vie de Rancé*

Stendhal

Grenoble, 1783 - Paris, 1842

« Je n'écris que pour cent lecteurs, et de ces êtres malheureux, aimables, charmants, point hypocrites, point moraux, auxquels je voudrais plaire, je connais à peine un ou deux... »

Cent lecteurs ? Les *happy few* dont il parle à la fin de La Chartreuse de Parme ? Vers 1830, à l'époque où Stendhal écrit ces lignes, son évaluation est sans doute encore trop généreuse. Lui-même ramène à dix-sept le nombre de ceux qui ont acheté son traité *De l'amour,* paru en 1822 (on raconte que son éditeur transforma les exemplaires invendus en lest pour un bateau...).

En ces temps d'exaltation où le lyrisme romantique occupe toute la place, on ouvre les ouvrages de Stendhal, on en lit quelques paragraphes, on bâille et on s'indigne d'une façon d'écrire qui choque, qui ennuie.

Victor Hugo lui-même déclare à un journaliste, à propos du roman *Le Rouge et le Noir* (1830) : « J'ai tenté de lire ça... Comment avez-vous pu aller plus loin que la quatrième page ? »

Dans la *Gazette de France*, on peut lire cette

critique, à propos du même ouvrage : « Il est presque temps que Monsieur Stendhal change encore de nom, et pour toujours de manière et de style ! », et dans La Revue de Paris : « Stendhal est brouillé avec la simplicité... »

L'un de ses amis, Victor Jacquemont, à qui il envoie ses manuscrits, les lui retourne avec de rageuses apostilles : « Écriture détestable ; style de portier... » Quel acharnement !

Quel triomphe aujourd'hui. Pourtant, depuis 1830, pas un mot n'a changé dans *Le Rouge et le Noir*, pas une virgule ne manque depuis 1839 dans *La Chartreuse de Parme*. Que s'est-il passé ?

Le romantisme a vécu, on s'est fatigué de ses excès, de son égotisme obsessionnel – le terme « égotisme » est mis à la mode en littérature par Stendhal, après sa lecture de l'Itinéraire de *Paris à Jérusalem*, de Chateaubriand ; voici son jugement, expéditif... : « Je n'ai jamais rien trouvé d'aussi puant d'égotisme, d'égoïsme, de plate affectation ! » La littérature a évolué comme le prévoyait Stendhal qui, désolé qu'on ne le lût point, misait sur l'avenir, écrivant, dans la *Vie de Henry Brulard* : « Et moi je mets un billet à une loterie dont le gros lot se réduit à ceci : être lu en 1935 ! » Bien vu : c'est au XXe siècle que Stendhal connaît la gloire.

Henri Beyle (qui se fait appeler Stendhal à partir de 1817), né le 23 janvier 1783 à Grenoble, devient orphelin de mère à sept ans. Rebelle à dix ans, petit génie des mathématiques à seize ans, soldat de Bonaparte en Italie à dix-huit ans, commis épicier à Marseille pour l'amour d'une comédienne à vingt-deux ans, intendant des domaines de l'Empereur l'année suivante, en 1806 ; inspecteur général du mobilier de la Couronne, à Paris, en 1810. Responsable des approvisionnements de la Grande Armée, il participe à la retraite de Russie en 1812. Plus tard, son amour de la peinture et l'amour tout court le conduisent en Italie. Milan, Florence, Bologne. Entre 1825 et 1840, il effectue de nombreux allers et retours entre Paris et Rome ou Civitavecchia, ville où il a été nommé consul en 1831.

C'est lors d'un retour vers Civitavecchia, en 1833, qu'il descend le Rhône sur un bateau en compagnie de George Sand et d'Alfred de Musset qui se rendent à Venise… Stendhal a fait honneur au vin du bord, il se moque de leur projet, de leurs illusions, devient grossier, au point que George Sand s'en irrite ; elle écrit plus tard : « Je confesse que j'avais assez de lui, et que, s'il eût pris la mer, j'eus pris la montagne ! », elle ajoute : « C'est un homme de talent original, mais écrivant mal »… Décidément !

Celui qui écrivait en 1841 : « L'amour pour Napoléon est la seule passion qui me soit restée » meurt d'une attaque d'apoplexie, devant le 22 rue des Capucines, à Paris, le 22 mars 1842 ; à cette adresse s'élevait l'Hôtel de la Colonnade, occupé par Bonaparte lorsqu'il se maria en 1796 avant de partir pour ses glorieuses aventures italiennes…

Les irrésistibles

Histoire de la peinture en Italie – 1817
De l'amour, essai psychologique – 1822
Armance, premier roman – 1827
Promenades dans Rome, guide de la pensée touristique – 1829
Le Rouge et le Noir – 1830
Lucien Leuwen, roman inachevé – 1834
Vie de Henry Brulard, autobiographie – 1836
La Chartreuse de Parme – 1839

Citons l'auteur

« Excepté pour la passion du héros, le roman

doit être un miroir » – *Lucien Leuwen*
« La beauté n'est que la promesse du bonheur » – *De l'amour*
« En composant La Chartreuse, pour prendre le ton, je lisais chaque matin deux ou trois pages du Code civil, afin d'être toujours naturel ; je ne veux pas, par des moyens factices, fasciner l'âme du lecteur » – *Lettre de Stendhal à Balzac, 1840*

Honoré de Balzac

Tours, 1799 - Paris, 1850

« Je vous aime, inconnue. » Voilà ce que peut lire la destinataire de cette lettre datée de février 1833, signée d'un écrivain très connu de ceux qui le lisent alors, et de ceux qui le lisent encore aujourd'hui : Honoré de Balzac.

En 1833, Balzac a trente-quatre ans. Né en 1799 à Tours, confié très jeune aux oratoriens de Vendôme, il y a été saisi d'une inquiétante et presque maladive boulimie de lecture. Après des études de droit, il se prépare à devenir avoué chez un notaire, mais il rêve d'écriture, son imagination déborde… Ses parents lui accordent une année afin qu'il fasse ses preuves sur la page blanche.

En deux ans, il écrit plusieurs romans signés Lord R'Honne (anagramme d'Honoré…). En 1822, la rencontre qu'il fait va lui ouvrir les portes du monde fortuné où il puisera une grande partie de son inspiration : elle s'appelle Laure de Berny. À quarante-cinq ans, mère de neuf enfants, épouse d'un vieux mari, fille d'un professeur de harpe de la reine Marie-Antoinette, filleule de Louis XVI, elle éblouit Honoré qui, malgré les vingt-deux ans qui les séparent, tombe dans ses bras.

La Dilecta – ainsi l'appelle Honoré – l'aimera jusqu'à sa mort, en 1836, après avoir toujours soutenu moralement – et surtout financièrement – son génial amant.

Le premier vrai roman balzacien paraît en 1829, et s'intitule *Les Chouans*, passionnante histoire d'amour et de rébellion dans la Bretagne de 1799. Plusieurs personnages vont se retrouver dans les romans que Balzac continue d'écrire, inaugurant ainsi le principe de *La Comédie humaine*, titre d'un ensemble romanesque phénoménal qui, en trois parties – Études de mœurs, Études philosophiques,

Études analytiques –, regroupe quatre-vingt-onze romans achevés, quarante-six en projet, et met en scène plus de deux mille personnages, parmi lesquels Rastignac, l'arriviste, Vautrin, le révolté…

Et l'inconnue ? Elle est désormais bien connue : née en 1801, elle vit en Ukraine chez son riche mari, le comte Hanski. Balzac va donc rencontrer Mme Hanska à Genève, leur liaison sera épisodique jusqu'en 1847 : il va la rejoindre en Ukraine et y demeure un peu moins de deux ans. « L'étrangère » devient enfin familière au point de se décider à épouser son Honoré le 14 mars 1850. Cinq mois plus tard, le 18 août, Balzac meurt à Paris, épuisé.

Les irrésistibles

Les Chouans – 1829
Eugénie Grandet – 1833
Le Père Goriot – 1834
Le Lys dans la vallée – 1835
César Birotteau – 1837
Illusions perdues – 1843

Citons l'auteur

« L'amour, dans le mariage, est une chimère »
– *Eugénie Grandet*

« Les gens généreux font de mauvais commerçants » – *Illusions perdues*

Victor Hugo

Besançon, 1802 - Paris, 1885

Quelle vie, Hugo ! Quel homme, Victor ! Quel amant, Toto !

Une vie de poète, et qui commence tôt :
Ode au duc de Berry qui meurt ; cela lui vaut
Deux mille francs du roi ; c'est en 1820.
Et combien de recueils en tout ? Peut-être vingt !
Une vie pour la scène avec son *Hernani*
Qui crée une bataille et déchaîne Paris !
Ainsi s'impose alors l'ère des romantiques,
Ainsi est renié le théâtre classique.
Hugo dit que la vie c'est le rire et le drame
Mêlés ; que tout cela compose une seule âme,
Que tragédie et comédie, genres gâtés
Jusqu'alors par la règle des trois unités,
N'ont plus cours. Voilà donc ce qu'en 1830
Hugo défend. Il est célèbre, et quelques rentes
L'ont rendu fortuné. 1831 :

Quatrième roman, du début à la fin,
Quasimodo, Esméralda, Frollo l'infâme
S'en vont de l'amour à la mort. Et *Notre-Dame
De Paris* fait d'Hugo un auteur à la mode,
Deux gros livres en tout, et cinquante épisodes.
La même année, on lit de lui *Feuilles d'automne*,
Des vers, encor des vers, tout un chant qui étonne
Et qui charme, surtout sa maîtresse Juliette…
1833, la nuit comme une fête :
« Le 17 février, je suis née au bonheur
Dans tes bras », lui dit-elle. Un terrible malheur
Abat Hugo dix ans plus tard : Léopoldine
Se noie dans la Seine, à Villequier. Oh ! cheminent
Dans la mémoire de chacun ces vers en pleurs
Où passe le chagrin sans vaincre la douleur :
« Demain dès l'aube, à l'heure où blanchit la campagne,
Je partirai. Vois-tu, je sais que tu m'attends.
J'irai par la forêt, j'irai par la montagne,
Je ne puis demeurer loin de toi plus longtemps »…
En l'an quarante-huit, c'est la Révolution !
Et voici que surgit l'autre Napoléon,
Le neveu, le « Petit » pour Hugo qui s'exile ;
Il va créer, pendant dix ans, à Hauteville
House, sa maison de Guernesey, Jean Valjean,

Cosette et Marius, Thénardier l'affligeant.
En l'an soixante-dix, c'est le retour en France,
La guerre et puis les deuils. On célèbre partout
La légende d'un siècle : Hugo, l'homme debout !
L'année *Quatre-vingt-treize* est son dernier roman.
Ses fils sont morts. Victor, à ses petits-enfants,
Ouvre son cœur, écrit – presque l'œuvre dernière –
Les vers attendrissants de *L'Art d'être grand-père.*
Et puis en 1885, il dit :
« C'est ici le combat du jour et de la nuit »,
Le 22 mai au soir, juste avant de mourir.
Hugo vivant, géant, présent et avenir !

Les irrésistibles

Hernani – 1830
Notre-Dame de Paris – 1831
Les Feuilles d'automne – 1831
Ruy Blas – 1838
Les Châtiments – 1853
Les Contemplations – 1856
La Légende des siècles – 1859 et 1877
Les Misérables – 1862
Quatre-vingt-treize – 1874
L'Art d'être grand-père – 1877

Citons l'auteur

« Le jeune homme est beau, mais le vieillard est grand » – *La Légende des siècles*

« Et s'il n'en reste qu'un, je serai celui-là » – *Les Châtiments*

Alfred de Musset

Paris, 1810 - Paris, 1857

Un surdoué, Musset ! Un élève modèle au lycée Henri IV. Il n'a pas dix-sept ans lorsqu'il remporte le premier prix de dissertation française et le deuxième prix de dissertation latine au concours général. Il n'a pas dix-huit ans lorsqu'il est introduit dans le cercle des jeunes romantiques, le Cénacle, créé par Victor Hugo, déjà célèbre.

Musset est alors un jeune dandy élégant, désinvolte. Il ne songe nullement à faire carrière, écrit avec une facilité déconcertante des vers brillants qui croisent en dilettante au large des idées, et passe son temps avec de riches amis, de soupers en nuits folles.

Mais la poésie ne nourrit pas son homme, il faut penser à exercer un métier, un vrai, plus tard…

Musset commence des études de médecine, de dessin, de musique... Polytechnique ? Il en serait capable mais rejette le projet. Le voici pendant quelques mois employé dans une entreprise de chauffage militaire.

En décembre 1829, c'est la gloire : le Cénacle hugolien s'est pâmé d'admiration à la lecture de ses poèmes où l'audace et l'ironie mêlées masquent parfaitement les abîmes d'angoisse qu'il contourne, en attendant de s'y laisser glisser.

Il n'a que dix-neuf ans. On souligne sa virtuosité, sa maturité artistique. Pourtant, trois semaines plus tard, lors de la parution de son premier recueil, *Contes d'Espagne et d'Italie*, la critique n'est pas tendre ; on reproche au jeune Musset sa liberté insolente dans l'écriture, la distance à la fois habile et ferme qu'il prend par rapport aux dogmes romantiques, et, pour tout dire, le luxe de son génie : sa légèreté.

Sollicité, Musset refuse l'action politique. Il préfère tenter sa chance au théâtre. Le 1er décembre 1830, il fait jouer à l'Odéon *La Nuit vénitienne*, copieusement sifflée. Sa déception est immense ; il décide de ne plus écrire pour la scène.

1832. Le 8 avril, son père meurt du choléra, à

Paris. Musset décide de se consacrer à l'écriture. En 1833, il publie *Spectacle dans un fauteuil*, qui contient deux pièces de théâtre destinées seulement à être lues.

Cette année 1833 est aussi la première année Sand, l'année de la passion folle et presque furieuse, le tourbillon qui semble d'abord élever George et Alfred, mais les conduit au naufrage vénitien.

Au début de janvier 1834, les deux amants séjournent à l'Albergo Reale Danielli, dans la cité des Doges. Leur voyage d'amour tourne au cauchemar… La rupture sera définitive, le 6 mars 1835.

Au début de cette liaison houleuse, Musset a écrit son chef-d'œuvre : *Lorenzaccio* ; c'est George Sand qui lui en a suggéré l'idée… La pièce, qui, dans son état d'origine, eût nécessité trois jours de représentation et quatre cents comédiens, ne sera représentée, expurgée, qu'en 1896, trente-neuf ans après la mort de son auteur.

L'année de la rupture est aussi celle de la publication des longs poèmes sous la forme d'un dialogue entre le poète et sa muse : *La Nuit de mai*, et *La Nuit de décembre*. Suivront *La Nuit d'août*, *La Nuit d'octobre*, chefs-d'œuvre d'un lyrisme fascinant pour certains, insupportable pour d'autres. En

1836, Musset publie son roman autobiographique : *La Confession d'un enfant du siècle.*

Des amours par dizaines, des poèmes par centaines, une gloire éphémère d'auteur dramatique dans les années 1850, l'Académie française en 1852, sur l'insistance de Victor Hugo, la mort enfin, une nuit de mai 1857…

Trente personnes seulement suivent le corbillard du Musset qu'on s'était habitué à voir titubant dès le matin, ivre tout le jour.

Le vrai Musset, le tendre, l'éblouissant Musset, le nôtre, a été redécouvert par le XXe siècle. Il entre triomphant dans le XXIe siècle et les siècles à venir.

Les irrésistibles

Premières poésies – 1829-1835
À quoi rêvent les jeunes filles – 1832
Les Caprices de Marianne – 1833
On ne badine pas avec l'amour – 1834
Lorenzaccio – 1834
Il ne faut jurer de rien – 1836
La Confession d'un enfant du siècle – 1836
Poésies nouvelles – 1836-1852

Citons l'auteur

« Les plus désespérés sont les chants les plus beaux, / Et j'en sais d'immortels qui sont de purs sanglots » – *La Nuit de mai*

« Mes chers amis, quand je mourrai, / Plantez un saule au cimetière. / J'aime son feuillage éploré ; / La pâleur m'en est douce et chère, / Et son ombre sera légère / À la terre où je dormirai » – *Élégie*

Alexandre Dumas

Villers-Cotterêts, 1802 - Puys, près de Dieppe, 1870

Peut-on en une vie écrire plus de quatre-vingts romans, des milliers d'articles pour les journaux, des pièces de théâtre, des poèmes, des essais, des ouvrages historiques, des histoires de l'art, des livres de cuisine, des récits de voyage, le tout totalisant plus de deux cent cinquante volumes, tout cela en multipliant bien d'autres activités et non des plus reposantes : les voyages, les responsabilités diverses, les liaisons d'une heure, d'un jour, voire davantage ?

Oui, si on s'appelle Alexandre Dumas, et qu'on

a vu le jour le 24 juillet 1802 à Villers-Cotterêts ; il faut, de plus, être le fils d'un général de la Révolution française, Thomas Alexandre Davy de La Pailleterie né à Saint-Domingue, soldat de Bonaparte en Italie et en Égypte, mulâtre – sa mère étant une ancienne esclave noire.

Oui, si on devient orphelin de père à quatre ans, si on est élevé par sa mère dans un souci fort approximatif pour les études, et qu'on devient clerc de notaire en 1817 à Crépy-en-Valois, avant de s'installer définitivement à Paris en 1823.

Oui, si on aime les couturières au point de faire de l'une d'entre elles la mère d'un premier enfant qu'on appelle aussi Alexandre et qui, en 1848, publie un roman à succès, *La Dame aux camélias*, devenu pièce de théâtre sous le même titre en 1852.

Oui, si on se passionne pour l'art dramatique, qu'on écrit *La Chasse à l'amour* (1825), *La Tour de Nesle* (1832), *Kean ou Désordre et génie* (1836) ; *Piquillo* (1837), en collaboration avec Nerval ; et un échec complet : *Caligula* (1837).

Oui, enfin, si on comprend que les lecteurs ont besoin de l'Histoire de leur France ancestrale comme un fleuve a besoin de sa source ; oui, si on décide, selon Dumas lui-même, de « violer » cette Histoire, « à condition de lui faire de beaux enfants » ; oui si, sans scrupules, on barbouille un peu, un peu beaucoup, le portrait de Catherine de Médicis, d'Henri III et de bien d'autres personnages historiques dans certains romans... Avec quelle excuse ? Celle d'avoir passionné des centaines de milliers de lecteurs aux XIXe, XXe, XXIe siècles, et pour les siècles des siècles...

Alors, oui, si et seulement si on remplit toutes les conditions énumérées ci-dessus, on peut écrire plus que de raison et faire mille autre choses folles ou sages jusqu'à une mort qui vous cueille le 5 décembre 1870, jusqu'au transfert de vos cendres au Panthéon le 30 novembre 2002.

Les irrésistibles

Les Trois Mousquetaires – 1844
Vingt ans après – 1845
Le Comte de Monte-Cristo – 1844 – 1845
La Reine Margot – 1845
La Dame de Monsoreau – 1846
Le Vicomte de Bragelonne – 1848

Citons l'auteur

« Tous pour un, un pour tous » – *Les Trois Mousquetaires*

« On a quelquefois assez souffert pour avoir le droit de ne pas dire : je suis trop heureux » – *La Tulipe noire*

George Sand

Paris, 1804 - Nohant, 1876

Cent romans, peut-être davantage. Cent amants, peut-être un peu plus. Mille douleurs assurément. Et du bonheur, parfois.

Parmi les romans, l'histoire émouvante de Germain, le jeune veuf, et de sa servante Marie : *La Mare au diable* (1846). Les touchantes amours des jumeaux Sylvinet et Landry pour Fanchon : *La Petite Fadette* (1849). La tendresse de la Zabelle, le grand cœur de Madeleine pour un enfant adopté : *François le Champi.*

Parmi les amants, Jules Sandeau qu'Aurore Dupin, baronne Dudevant depuis son mariage avec le baron du même nom en 1822, rencontre pendant l'été 1830, dans l'Indre. Il a sept ans de moins qu'elle. À Paris où leur idylle s'épanouit, ils écrivent ensemble deux romans.

En 1833, Alfred de Musset entre dans la vie d'Aurore qui ne conservera de son Jules que le cœur du patronyme, pour en faire son pseudonyme : Sand, précédé du prénom masculin George, sans *s*.

Alfred le fantasque, l'imprévisible, l'halluciné, éblouit George, la terrifie. Leur passion les brûle, les paralyse. Elle échoue dans Venise au début de 1834. Pendant que George guérit d'une dysenterie et tente d'écrire pour gagner quelque argent, Alfred fréquente les bouges, s'étourdit, en perd quasiment la tête. La fièvre typhoïde le maintient entre la vie et la mort pendant plusieurs semaines. George et le médecin vénitien Pietro Pagello se relaient à son chevet tout le jour, mais bientôt, font nuit commune…

Alfred, meurtri, rentre à Paris, seul.

George retrouve la paix et Paris avec le sage Pagello, trop sage sans doute puisque Musset surgit de nouveau, comme un douloureux retour de flamme, avant la rupture définitive, en 1835.

Voici maintenant Frédéric Chopin, le génial et fragile Chopin, rencontré en 1836, qu'elle appelle affectueusement Chip-Chip, avouant elle-même dans *Histoire de ma vie* (1855) qu'elle éprouve pour son compositeur franco-polonais une sorte d'« adoration maternelle très vive », plutôt qu'une passion dévastatrice…

George décide de séjourner avec sa famille aux Baléares, pendant l'hiver 1838-1839, afin de soigner une toux persistante de Chip-Chip, toux qui s'aggrave alors à cause du climat et de toutes sortes de difficultés matérielles. En France les séjours à Paris et à Nohant se succèdent jusqu'à la rupture, en 1847. Chopin meurt deux ans plus tard.

Au nombre des douleurs surmontées par George Sand, il en est une qui en vaut mille… En 1855, Jeanne-Gabrielle, sa petite-fille, sa « Nini », celle pour qui elle a fait aménager le parc de Nohant en jardin enchanté, meurt d'une scarlatine mal soignée dans des conditions dramatiques, après avoir été emmenée de force à Paris alors que ses parents se disputent sa garde.

Des bonheurs ? Celui d'écrire d'abord, avec une facilité déconcertante qui peut rendre envieux, voire jaloux, d'autres auteurs. Ne lit-on pas, par exemple, sous la plume de Jules Renard : « George Sand est la vache bretonne de la littérature » (voyons, Jules !…) ; ou bien sous celle de Baudelaire qui n'a pourtant rien à envier à personne : « Elle est bête, lourde, bavarde, et possède la même délicatesse de sentiment que les concierges » (tu parles, Charles !…) ; ou bien Delacroix : « Elle manque de goût » ; enfin, Flaubert : « Comme femme, elle inspire le dégoût ; comme homme, il donne l'envie de rire »…

Homme, George Sand voulut le paraître par provocation – un autre de ses bonheurs –, porter des pantalons et fumer le cigare afin d'écorner l'image traditionnelle de la femme soumise. Née le 1er juillet 1804, descendante, par son père, du maréchal de Saxe, lui-même fils naturel du roi de Pologne, elle s'est éteinte dans sa propriété de Nohant, dans l'Indre, le 8 juin 1876. Le lendemain, Victor Hugo écrivait : « Je pleure une morte, je salue une immortelle ! »

Les irrésistibles

Indiana – 1832
Lélia – 1833
Mauprat – 1837
Le Meunier d'Angibault – 1835
La Mare au diable – 1846

La Petite Fadette – 1849
François le Champi – 1850
Histoire de ma vie – 1855
Les Beaux Messieurs du Bois-Doré – 1858
Elle et lui – 1859

Citons l'auteur

« La liberté de penser et d'agir est le premier des biens » – *Correspondance, lettre à sa mère*

Charles Baudelaire

Paris, 1821 - Paris, 1867

« Il y avait en lui du prêtre, de la vieille femme et du cabotin. Satan, c'était ce diablotin démodé, fini, qu'il s'était imposé la tâche de chanter, d'adorer et de bénir… »

Fichtre ! Jules Vallès (1832-1885), auteur des riches témoignages que sont *L'Enfant*, *Le Bachelier* (1881), n'y va pas avec le dos de la plume pour exécuter Baudelaire une semaine après sa mort…

Deux jours plus tard, Gaspard-Félix Tournachon, dit Nadar (1820-1910), photographe qui a réalisé les portraits de Liszt, Berlioz, Nerval, Courbet,

Manet, George Sand, et Baudelaire, défend la mémoire de son modèle aux lèvres pincées, au regard d'acier, à la mèche en virgule rageuse : « Il n'est permis ni possible de se taire devant certaines attaques contre l'homme qui ne peut plus répondre [...], celui dont on parle tant, et qui fut si peu connu... »

Peu connu, peu lu, Baudelaire, de son vivant. Mis à part dans le microcosme artistique parisien, on se soucie peu de ce poète à l'allure bizarre, à l'élégance trop raide, qu'un condisciple d'études, Gustave Le Vavasseur, décrit ainsi : « Brun, de taille moyenne, maigre comme un ascète, propre comme une hermine, mis comme un secrétaire d'ambassade, réservé, libertin, caustique, se tourmentant l'esprit pour se moquer de son cœur... »

Charles Baudelaire a pourtant alimenté la chronique des tribunaux, en août 1857 : son recueil de poèmes *Les Fleurs du mal* – tiré à cinq cents exemplaires – a fait l'objet d'un procès en moralité ! Baudelaire et son éditeur sont condamnés pour offense à la morale religieuse, et outrage à la morale publique et aux bonnes mœurs !

Dans ce Second Empire de noir vêtu, ceinturé d'un intégrisme moral étouffant et suspect, une voix s'élève pour saluer l'œuvre de Baudelaire et la placer dans le meilleur de la littérature ; cette voix est celle du proscrit, de l'exilé : Victor Hugo. Dans une lettre datée du 6 octobre 1859, il lui écrit : « Que faites-vous quand vous écrivez ces vers saisissants ? Que faites-vous ? Vous marchez. Vous dotez le ciel de l'art d'on ne sait quel rayon macabre. Vous créez un frisson nouveau. [...] Vous êtes un noble esprit et un généreux cœur. Vous écrivez des choses profondes et souvent sereines. Vous aimez le beau. Donnez-moi la main. »

Le 31 août 1867, miné par la syphilis, Charles Baudelaire meurt à Paris. On remarque, parmi la cinquantaine de personnes qui suivent le corbillard, Verlaine, Manet, Nadar, Théodore de Banville (1823-1891) dont le recueil *Les Exilés* vient de paraître.

À celui qui était né le 9 avril 1821, d'un père qui fut prêtre et le laissa orphelin à l'âge de six ans, à celui qui subit ensuite l'inflexible autorité d'un beau-père commandant militaire de la place de Paris ; à celui qui pensait écrire plus de cent romans et se désola de la minceur de son recueil *Les Fleurs du mal* ; à celui qui lança un jour au Paris qu'il défiait : « Tu m'as donné ta boue et j'en ai fait de l'or » ; à celui-là, le XXe siècle – et le XXIe... – fait un triomphe.

Les irrésistibles

Les Fleurs du mal – 1857
Le Spleen de Paris – 1862

Citons l'auteur

« Ton souvenir en moi luit comme un ostensoir » – *Les Fleurs du mal*

« Pendant que des mortels la multitude vile, / Sous le fouet du Plaisir, ce bourreau sans merci, / Va cueillir des remords dans la fête servile, / Ma Douleur, donne-moi la main ; viens par ici… » – *Les Fleurs du mal*

Gustave Flaubert

Rouen, 1821 - Croisset, 1880

Se documenter, toujours, se documenter… Flaubert a passé sa vie à se documenter ! Chacune des pages de *Madame Bovary* est composée de multiples observations qui n'épargnent aucun détail au lecteur. Tout est là pour que la représentation soit exacte. Ainsi, la casquette de Charles Bovary, lors de son entrée au collège : « Ovoïde et renflée de baleines, elle commençait par trois boudins circulaires ; puis s'alternaient, séparés par une bande rouge, des losanges de velours et de poil de lapin ; venait ensuite une façon de sac qui se terminait par un polygone cartonné, couvert d'une broderie en soutache compliquée, et d'où pendait, au bout d'un long cordon trop mince, un petit croisillon de fils d'or, en manière de gland. Elle était neuve ; la visière brillait »...

Combien de jours a-t-il fallu à Flaubert pour venir à bout de cette description à la fois parfaite et laborieuse ? Des semaines, peut-être ! Car chaque page de *Madame Bovary* coûte à son auteur d'incroyables souffrances qu'il confesse dans sa correspondance : « Dieu ! que ma Bovary m'embête ! J'en arrive à la conviction quelquefois qu'il est impossible d'écrire ! » écrit-il à Louise Colet, sa maîtresse, le 10 avril 1853 ; et six jours plus tard, le 16 avril : « Ce livre me tue ; je n'en ferai plus de pareils. Les difficultés d'exécution sont telles que j'en perds la tête dans des moments ! »

Paru en revue en 1856, après cinquante-six mois de rédaction, le roman est accueilli... par un procès pour outrage aux bonnes mœurs ! Un acquittement clôt cette affaire, en février 1857, mais Flaubert en est meurtri.

Il part alors pour Carthage, en 1858. Qu'y va-t-il faire ? Se documenter… pour son prochain roman, *Salammbô*, dont l'action se déroule dans cette cité rivale de Rome au IIIe siècle avant J.-C.

Ainsi Flaubert fuit-il dans le temps et dans l'espace ses décevants contemporains. Cinq ans de rédaction, de nouveau, mais en 1862 *Salammbô* remporte un vif succès.

Dès 1864, Flaubert se documente encore pour *L'Éducation sentimentale*, autobiographie déguisée qui lui coûte mille efforts supplémentaires et cinq nouvelles années de labeur. La critique est très réservée à la sortie du livre, négative même ; on reproche à cette œuvre – beaucoup le lui reprochent encore aujourd'hui – de transpirer l'ennui…

Suivront *Trois contes*, en avril 1877 – *Un cœur simple*, *La Légende de saint Julien l'Hospitalier*, *Hérodias* –, et, à partir de 1877, *Bouvard et Pécuchet* qu'il ne pourra achever, la mort venant le cueillir entre 11 heures et midi, le 8 mai 1880, à Croisset, près de Rouen, où il avait passé presque toute sa vie.

Si Flaubert domestique parfaitement sa plume dans ses romans, lui autorisant toujours avec jubilation une ironie parfois désenchantée, souvent cruelle, il ne la retient pas dans sa correspondance où elle trace de son maître une image pleine d'audaces, de robustesses en tous genres, et d'un panache qui eût fait merveille dans les fictions qu'il nous a laissées.

Les irrésistibles

Madame Bovary – 1857
Salammbô – 1862
L'Éducation sentimentale – 1869
La Tentation de saint Antoine – 1874
Trois contes – 1877
Bouvard et Pécuchet – 1881
Dictionnaire des idées reçues (posthume) – 1913

Citons l'auteur

« Demander des oranges aux pommiers est une maladie commune » – *Lettre à Louise Colet, 24 avril 1852*

« Prenez garde à la tristesse, c'est un vice » – *Lettre à Maupassant*

« La parole humaine est comme un chaudron fêlé où nous battons des mélodies à faire danser les ours quand on voudrait attendrir les étoiles » – *Madame Bovary*

Jules Verne

Nantes, 1828 - Amiens, 1905

Un bal à Nantes, fin 1853. Quadrilles, scottish et valses se succèdent. Les crinolines tanguent, les cœurs chavirent. Un jeune homme de belle allure s'approche d'une jeune fille réservée, Laurence Janmar, dont le corsage serré en pointe vers le bas trahit un corset sévèrement ficelé.

Le jeune homme, hardi et amusé, tente alors une approche : « Que ne puis-je, dit-il à la beauté contrainte, pêcher la baleine sur vos côtes… » On rapporte au père de la corsetée le propos pécheur : indignation, fureur… L'idée d'un possible bonheur capote encore une fois.

Ce jeune homme de belle humeur, c'est Jules Verne. Né à Nantes le 8 février 1828, il y a commencé ses études au petit séminaire, les a continuées au collège royal – aujourd'hui lycée Clemenceau.

Dès l'école primaire, il affirme : « Ma matière préférée est la géographie. » Nantes à cette époque, ce sont « des quais encombrés de cargaisons sous l'ombrage de grands ormes », « des navires à quai sur deux ou trois rangs » (*Souvenirs d'en-*

fance et de jeunesse, 1890). Nantes, c'est la Loire, et la fin de la Loire, c'est la mer qui emporte vers tous les rêves.

La mention « passable » qu'il obtient aux épreuves d'histoire et géographie de son baccalauréat ès lettres, en 1846, ne l'empêchera pas de conduire par toute la terre, vers tous les rivages et tous les mondes, ses lecteurs enchantés.

Installé à Paris en 1848 pour y terminer sa licence de droit, il préfère écrire des poèmes, des chansons et des pièces de théâtre dont l'une, *Les Pailles rompues*, est acceptée par Alexandre Dumas propriétaire du Théâtre-Historique, et représentée pour la première fois le 12 juin 1850.

Marié – enfin… – à une jeune veuve en 1857, il devient agent de change tout en écrivant dès 5 heures du matin des récits, des pièces, jusqu'en 1863 où il apporte à l'éditeur Hetzel le manuscrit de *Cinq semaines en ballon*. Hetzel enthousiasmé le publie immédiatement. Le succès est immense. La légende Verne vient de commencer.

Des dizaines de romans d'aventures et de science-fiction – qu'on appelle alors romans d'anticipation – passionnent les lecteurs de tous âges qui y trouvent, mises en scène, la rêverie et les avancées scientifiques de leur époque, et des récits qui se sont révélés visionnaires pour la nôtre.

Universelle et encyclopédique, l'œuvre de Jules Verne peint la terre entière par le roman – et même sans le roman puisque paraît en 1867 et 1868 la *Géographie de la France et de ses colonies,* suivie quelques années plus tard d'une *Histoire des grands voyages et des grands voyageurs.*

Selon Hetzel, le but de l'œuvre vernienne est de « résumer toutes les connaissances géographiques, géologiques, physiques, astronomiques amassées par la science moderne, et de refaire, sous la forme attrayante et pittoresque qui lui est propre, l'histoire de l'Univers ».

« Je pense que j'étais fait pour être marin, écrit Jules Verne, et si cette carrière n'a pas été la mienne depuis mon enfance, je le regrette chaque jour ! » Les sommes confortables qu'il gagne lui permettent d'atténuer ce regret en effectuant de nombreux voyages à bord de ses trois yachts successifs.

Le 24 mars 1905, à Amiens, pays de sa femme, où il s'était fixé dès 1871, Jules Verne meurt de paralysie et de diabète.

Plus de cent ans après sa mort, Jules Verne est l'écrivain français le plus traduit dans le monde.

Au palmarès du nombre de traductions planétaires entre 1979 et 2002, établi par l'Unesco, on trouve à la 1re place les productions Walt Disney, à la 2e Agatha Christie, à la 3e, la Bible, et en quatrième position… Jules Verne, devant Lénine (5e), Shakespeare (8e), Dumas (14e)…

Verne est aujourd'hui aimé des plus grands littérateurs, de Julien Gracq par exemple qui, parlant de ses premières lectures, affirme : « Il y a eu Jules Verne. Je le vénère, un peu filialement. Je supporte mal qu'on dise du mal de lui. Ses défauts, son bâclage m'attendrissent. […] C'est mon primitif à moi. Et nul ne me donnera jamais honte de répéter que Les Aventures du capitaine Hatteras sont un chef-d'œuvre. »

Les irrésistibles

Cinq semaines en ballon – 1863
Voyage au centre de la Terre – 1864
De la Terre à la Lune – 1865
Vingt mille lieues sous les mers – 1869
Le Tour du monde en quatre-vingts jours – 1873
L'Île mystérieuse – 1874
Michel Strogoff – 1876
Le Rayon vert – 1882

Citons l'auteur

« Tout est curieux à l'œil du géographe. Voir est une science. Il y a des gens qui ne savent pas voir, et qui voyagent avec autant d'intelligence qu'un crustacé » – *Les Enfants du capitaine Grant*

Paul Verlaine

Metz, 1844 - Paris, 1896

23 mai 1871. Depuis deux jours, les Versaillais sont entrés dans Paris. Ils tiennent Montparnasse, les Invalides, la gare Saint-Lazare. Le palais des Tuileries est en feu. Les communards, qui avaient rêvé d'un autre monde, résistent, pour cinq jours encore. Plus de trente mille d'entre eux vont être massacrés – couvreurs, menuisiers, peintres, plombiers, cordonniers, Paris va perdre la plupart de ses petits artisans. Français contre Français ! La capitale vit l'enfer.

Non loin de Notre-Dame, au 2, rue du Cardinal-Lemoine, Mathilde, une toute jeune fille, quitte son appartement conjugal, s'élance dans la rue ; elle n'a que dix-sept ans, elle est enceinte de quatre mois. Aux soldats qui veulent l'empêcher d'aller plus loin, elle répond qu'elle doit absolument aller chercher aux Batignolles, où les combats font rage, la mère de son époux. Son époux : Paul Verlaine !

Le faible Paul n'a pas eu le courage d'y aller lui-même. Il a préféré se cacher dans la salle de bains de l'appartement où, terrorisée, se cache aussi la bonne du couple… Mathilde ne revient que le lendemain, sans Mme Verlaine qui arrivera plus tard, par ses propres moyens.

Pauvre Verlaine ! Enfant unique et choyé dans le Metz de ses premières années, jusqu'en 1851. Adolescent tourmenté à Paris, élève sans courage au lycée Bonaparte (Condorcet). Poète précoce qui envoie à Victor Hugo, en 1858, à quatorze ans, un poème de bonne facture déjà, intitulé *La Mort*…

Pauvre Lélian (c'est l'anagramme de Paul Verlaine, fabriquée par l'auteur lui-même) ! Faible devant la vie, soumis à la « fée verte », l'absinthe, esclave de tout ce qui peut tourner la tête. Verlaine, ivre peut-être les trois quarts de son existence…

Mais quelle fortune il possède ! Tout l'or du monde n'est rien à côté de sa main sûre qui vous conduit en douceur au seuil de l'offrande : « Voici des fruits, des fleurs, des feuilles et des branches / Et puis voici mon cœur qui ne bat que pour vous. / Ne le déchirez pas avec vos deux mains blanches / Et qu'à vos yeux si beaux l'humble présent soit doux », ou bien au cœur de l'émotion : « Je fais souvent ce rêve étrange et pénétrant / D'une femme inconnue, et que j'aime et qui m'aime / Et qui n'est, chaque fois, ni tout à fait la même / Ni tout à fait une autre, et m'aime et me comprend. »

10 septembre 1871. Rimbaud arrive à Paris. En quelques semaines, la tornade de Charleville ravage le ménage Verlaine.

9 juillet 1872 : Arthur et Paul sont en fuite vers la Belgique. Ils passent ensuite en Angleterre, y restent un an. Le 10 juillet 1873, retour à Bruxelles. Un matin, ivre, Verlaine sort le pistolet qu'il vient d'acheter, vise Rimbaud, tire… La balle blesse Rimbaud au poignet. Fin de l'aventure.

En prison, de 1873 à 1875, Verlaine compose la plupart des poèmes du touchant recueil *Sagesse*, mais son art porte déjà des ébréchures. Le filon s'épuise dans la décennie qui suit. L'homme se désoriente avec une étrange complaisance, puis s'échoue, pendant que ses œuvres larguent les amarres vers l'intemporel.

Les irrésistibles

Poèmes saturniens – 1866
Fêtes galantes – 1869
Romances sans paroles – 1874
Sagesse – 1881
Jadis et Naguère – 1884
Les Poètes maudits – 1884

Citons l'auteur

« De la musique avant toute chose » – *« Art poétique », Jadis et Naguère*

« Les sanglots longs / Des violons / De l'automne / Blessent mon cœur / D'une langueur / Monotone » – *« Chanson d'automne », Poèmes saturniens*

Arthur Rimbaud

Charleville, 1854 - Marseille, 1891

« Harar, le 10 novembre 1890

Ma chère maman, j'ai bien reçu ta lettre du 29 septembre 1890. En parlant de mariage, j'ai toujours voulu dire que j'entendais rester libre de voyager, de vivre à l'étranger et même de continuer à vivre en Afrique. Je suis tellement déshabitué du climat d'Europe, que je m'y remettrais difficilement. [...] Monsieur Tian est un commerçant très honorable, établi depuis trente ans à Aden, et je suis son associé dans cette partie de l'Afrique (Harar, en Éthiopie). [...] J'envoie à la côte des caravanes de produits de ces pays : or, musc, ivoire, café... La moitié des bénéfices est à moi. [...] Personne à Aden ne peut dire du mal de moi. Au contraire, je suis connu en bien de tous, dans ce pays, depuis dix années... »

Cette lettre est signée d'un homme qui, dans sa trente-sixième année, semble heureux de son sort : ses affaires sont prospères, il gagne de l'argent, sa réputation est irréprochable.

Son nom : Rimbaud ! Rimbaud Arthur qui meurt un an plus tard exactement, le 10 novembre 1891, amputé de la jambe droite à l'hôpital de la Conception, à Marseille, victime d'une syphilis tenace.

À Paris, cette année-là, on s'arrache les œuvres du Rimbaud qui, vingt ans plus tôt, scandalisait la capitale, fuguant à dix-sept ans, en juillet 1872, avec Paul Verlaine vers la Belgique, séjournant avec lui en Angleterre avant un retour à Bruxelles qui échoue dans le fait divers au terme de douze mois agités, le 10 juillet 1873 : Verlaine tire un coup de pistolet sur Rimbaud qui veut rompre leur relation !

La balle ne rate pas sa cible : elle tue le poète ; l'homme, lui, va survivre ! On retrouve donc Rimbaud Arthur à Stuttgart où, cynique, désabusé, il reverra une dernière fois Verlaine sorti de prison, le 14 février 1875.

Vienne, Java, l'Irlande, la Suède, Hambourg, la ferme familiale de Roche, près de Charleville – tout l'été 1878, il travaille aux moissons.

Gênes, Chypre, Roche de nouveau, été 1879. Aden, au Yémen, Harar en Éthiopie à partir de 1880. Commerce de café, trafic d'armes…

Rimbaud, le poète ? De sa quinzième à sa vingtième année, il n'est plus qu'un laboratoire du langage en effervescence, en errance, presque en folie ! Le vocabulaire y est pris de vertige, se fait des frayeurs qu'il se raconte affolé, haletant ; et tout cela fascine le lecteur habitué au train-train du vers trottinant à petits pas sur ses petits pieds. On a cru à la naissance d'un soleil, c'était un feu d'artifice. Tant mieux pour la poésie : le mystère des étoiles demeure.

Les irrésistibles

Poésies complètes – publiées en 1895. On y trouve notamment : *Le Dormeur du val*, *Le Buffet*, *Les Assis*, *Le Bateau ivre*, poèmes écrits entre quinze et dix-sept ans…

Une saison en enfer – 1873. Pour Rimbaud, tentative d'« alchimie du verbe » ; pour Verlaine, « autobiographie psychologique ».

Illuminations – publication en 1886, ainsi que *Vers nouveaux*, derniers vers composés par Rimbaud en 1873. Selon Verlaine, illuminations est le mot anglais désignant des gravures coloriées ; ce recueil rassemble des poèmes en prose qui éblouissent et déroutent à la fois.

Citons l'auteur

« Je est un autre » – *Lettre à Georges Izambard, 13 mai 1871*

« Le poète se fait voyant par un long, immense et raisonné dérèglement de tous les sens » – *Lettre à Paul Demeny, 15 mai 1871*

Émile Zola

Paris, 1840 - Paris, 1902

Dans les années 1890, lorsqu'on voit arriver les Zola – Émile et son épouse Alexandrine – au théâtre, on sait qu'il va falloir un certain temps pour que le couple gagne les places qui lui sont réservées lorsqu'elles sont situées au milieu d'une rangée. En effet, M. et Mme Zola, qui adorent les plats en sauce, ont pris un tel embonpoint qu'ils doivent jouer des hanches pour parvenir jusqu'aux sièges où ils vont asseoir leurs kilos superfétatoires…

Pourtant, qui les connut lorsqu'ils se rencontrèrent en 1865 – Alexandrine avait alors pour prénom Gabrielle –, puis lorsqu'ils se marièrent en 1870, nourris frugalement de lapin aux petits pois, pouvait affirmer que les Zola jeunes étaient minces comme des fils de haricots verts.

Que s'est-il donc passé en vingt ans ? Plus précisément en vingt-deux ans, entre 1871 et 1893 ?

Eh bien, Zola a fait fortune ! Une grosse fortune – son allure en a intégré l'adjectif – en écrivant l'*Histoire naturelle et sociale d'une famille sous le Second Empire.* Le projet en a été proposé à l'éditeur Lacroix qui, enthousiaste, accepte de publier d'abord en feuilleton dans les journaux, puis en livre, cette histoire de la famille Rougon-Macquart que Zola, grand admirateur du médecin Claude Bernard (1813-1878), a décidé d'écrire en scientifique : l'écrivain, en observateur soucieux du détail, doit connaître les lois de la nature, et s'en inspirer pour créer. Le projet comporte dix volumes.

Hélas, pour les deux premiers romans, les ventes sont minces, Lacroix fait faillite, Zola craint la saisie…

L'éditeur Charpentier poursuit le programme de publication. Bon an mal an, les ventes se situent aux environs de deux mille exemplaires par livre, jusqu'en 1877. Cette année-là, c'est l'explosion : *L'Assommoir*, une peinture sans concession des misères du monde ouvrier, atteint des ventes record ! En 1880, *Nana*, qui traite de la prostitution, se vend à cinquante mille exemplaires… en deux jours !

Jusqu'au dernier volume des *Rougon-Macquart* – *Le Docteur Pascal*, en 1893 –, la fortune et la bonne fortune continuent de choyer Zola qui, à son tour, choie dans le secret son ménage clandestin :

Jeanne Rozerot, l'ancienne lingère d'Alexandrine, et les deux enfants qu'elle lui a donnés.

Zola pourrait se retirer du monde, vivre de ses rentes, et mourir académicien – quoique ses vingt-quatre candidatures à l'Académie française furent autant d'échecs... Mais, en 1898, indigné de la conspiration du silence autour de l'innocence du capitaine Dreyfus accusé d'avoir transmis aux Allemands des documents confidentiels, il publie dans *L'Aurore* du 13 janvier, un article au retentissement mondial, intitulé par Clemenceau : « J'accuse ».

Quatre ans plus tard, le 29 septembre 1902, il meurt asphyxié dans son appartement à Paris, sans doute de façon accidentelle. En 1908, ses cendres sont transférées au Panthéon.

Les irrésistibles

Thérèse Raquin – 1867
La Faute de l'abbé Mouret – 1875
L'Assommoir – 1877
Nana – 1880
Au Bonheur des Dames – 1883
Germinal – 1885
L'Œuvre – 1886

La Bête humaine – 1890

Citons l'auteur

« Le seul intérêt à vivre est de croire à la vie, de l'aimer et de mettre toutes les forces de son intelligence à la mieux connaître » – *Le Docteur Pascal*

« Des jeunes gens antisémites, ça existe donc, cela ? Il y a donc des cerveaux neufs, des âmes neuves, que cet imbécile poison a déjà déséquilibrés ? Quelle tristesse, quelle inquiétude, pour le vingtième siècle qui va s'ouvrir ! » – *Lettre à la jeunesse*

Guy de Maupassant

Tourville-sur-Arques, 1850 - Paris, 1893

« Cette petite bande de jeunes gens présomptueux, dans une préface d'une rare insolence, jette le gant à la critique. Cette rouerie est cousue de fil blanc ; le fond de leur pensée est : tâchons de nous faire éreinter, cela fera vendre le volume. *Les Soirées de Médan* ne valent pas une ligne de critique. Sauf la nouvelle de Zola qui ouvre le volume, c'est de la dernière médiocrité. »

La petite bande de jeunes gens présomptueux dont parle le critique d'un grand quotidien de l'époque, le 19 avril 1880, est composée d'Émile Zola, Guy de Maupassant, Joris-Karl Huysmans, Henry Céard et Léon Hennique.

Depuis deux ans, à Paris, ou à Médan, non loin de Poissy, chez Émile Zola, cette « petite bande » se retrouve autour d'une bonne table où s'élaborent les recettes d'une nouvelle littérature qui emprunterait à la science sa démarche expérimentale : le naturalisme.

En décembre 1879, afin d'illustrer la théorie par la pratique, la petite bande a décidé que chacun de ses membres allait écrire une nouvelle, et que ces nouvelles seraient publiées en un volume, dès l'année suivante. Le titre de l'ensemble ? *Les Soirées de Médan.* C'est Henry Céard qui l'a proposé.

Dans la préface, Zola prévoit déjà les réactions hostiles – à moins que, habilement, il provoque afin de mieux riposter… : « Nous nous attendons à toutes les attaques, à la mauvaise foi et à l'ignorance dont la critique courante nous a déjà donné tant de preuves. » Et les attaquants se déchaînent…

Mais le sage de Croisset, Flaubert, voit clair et

calme le jeu : « *Boule de Suif* écrase le volume ! »

Boule de Suif porte la signature de Guy de Maupassant. Et le maître de Maupassant, en littérature, s'appelle... Flaubert qui ne tarit pas d'éloges sur la performance de son élève ; le 20 avril 1880, il lui écrit : « J'ai relu *Boule de Suif*, c'est un chef-d'œuvre ! »

Voilà Maupassant propulsé dans la carrière des lettres. L'enfant de Tourville-sur-Arques, près de Dieppe, né au château de Miromesnil le 5 août 1850, l'adolescent d'Étretat, le modeste employé au ministère de la Marine, puis à celui de l'Enseignement public, devient rapidement un auteur recherché et fort bien rémunéré par les journaux qui publient ses nouvelles.

Pendant dix ans, de 1880 à 1890, il va écrire près de trois cents contes et nouvelles, six romans, de nombreux articles, tout en satisfaisant ses multiples passions : la navigation sur son yacht, le Bel-Ami, les voyages, et la conquête des cœurs...

Rien n'échappe à son écriture claire, efficace, précise. Il affectionne les rythmes ternaires, les paragraphes courts qui se terminent – comme le lui conseillait Flaubert – sur un détail vrai.

Il observe avec tendresse ou ironie le monde

qui l'entoure : celui des paysans de Normandie dont il livre à la fois la mentalité et le patois pittoresque, celui des sphères troubles du journalisme, des affaires, celui des femmes par qui tout se conquiert.

Avant trente ans, il est atteint d'une syphilis qui s'attaque à son système nerveux, et provoque les insupportables migraines quotidiennes qu'il tente d'apaiser en respirant de l'éther.

La maladie s'empare peu à peu de son cerveau. Maupassant cesse d'écrire en 1891. Il meurt le 6 juillet 1893, après avoir sombré dans la folie.

Les irrésistibles

Boule de Suif – 1880
La Maison Tellier – 1881
Contes de la Bécasse, Clair de lune – 1883
Une vie – 1883
Bel-Ami – 1885
Toine, La Petite Roque – 1886
Le Horla –1887
Mont-Oriol - 1887
Le Rosier de Madame Husson –1888
Pierre et Jean – 1888
Fort comme la mort – 1889

Citons l'auteur

« La vie, voyez-vous, ce n'est jamais si bon ni si mauvais qu'on croit » – *Une vie*

« La vraie peur, c'est quelque chose comme une réminiscence des terreurs fantastiques d'autrefois » – *La Peur*

« Un baiser légal ne vaut pas un baiser volé » – *Confession d'une femme*

XXe SIÈCLE

•

Marcel Proust

Paris, 1871 - Paris, 1922

« Longtemps, je me suis couché de bonne heure. Parfois, à peine ma bougie éteinte, mes yeux se fermaient si vite que je n'avais pas le temps de me dire : “Je m'endors.” »

Au moment où le narrateur sombre dans le sommeil, le lecteur s'éveille à Proust. En lui commence l'oscillation magique des pendules qui font deviner, sous terre, d'immenses nappes d'eau pure.

À la recherche du temps perdu, c'est une réserve immense, inépuisable, aux sources multiples dont le secret de la naissance se situe dans les perturbations, les orages, ou mille autres caprices du temps ou de l'instant, filtrés par des strates sociales qui leur ont donné mauvais ou bon goût…

Marcel Proust est né le 10 juillet 1871, à Auteuil, dans la maison de son grand-oncle maternel, Louis Weil. Dès l'âge de neuf ans, au retour d'une promenade au bois de Boulogne avec ses parents, il est victime d'une terrible crise d'asthme. Désormais, la menace constante d'un étouffement soudain pèse sur lui. Il grandit, fait des études, passe son baccalauréat en 1889, suit, à la Sorbonne, les cours de son oncle par alliance Henri Bergson, le philosophe (1859-1941), obtient une licence en droit (1893) et une licence ès lettres, mention philosophie (1895).

Il commence à travailler à la bibliothèque Mazarine, mais démissionne afin de se consacrer à sa passion : l'écriture.

Dans son premier livre, *Les Plaisirs et les Jours*, publié en 1896, il aborde déjà avec bonheur plusieurs genres, mais cet ouvrage composite n'a pas l'heur de plaire au féroce critique Jean Lorrain. L'affaire se règle par un duel au pistolet, un matin froid de février 1897.

Jean Santeuil, écrit entre 1896 et 1902, et *Contre Saint-Beuve* commencé en 1908 ne seront publiés que dans les années 1950.

Marcel Proust se passionne pour l'œuvre de l'Anglais John Ruskin, historien d'art dont il traduit les ouvrages. Ce travail approfondi met en mouvement la machine d'écriture proustienne qui produit en 1913 *Du côté de chez Swann*, premier volume de *À la recherche du temps perdu*.

D'abord refusé par l'éditeur Ollendorf, puis par

Fasquelle, le manuscrit est présenté chez Gallimard. André Gide le refuse également ! Les éditions Grasset l'acceptent... à compte d'auteur, à la condition que soient supprimées deux cents pages !

Gallimard se ressaisit, et publie, en 1919, *À l'ombre des jeunes filles en fleurs* qui obtient le prix Goncourt, suivi en 1921 et 1922 des deux tomes du *Côté de Guermantes*, de *Sodome et Gomorrhe I et II*. Les trois volumes suivants paraissent après la mort de Marcel Proust – qui survient le 18 septembre 1922, à la suite d'une bronchite mal soignée – ; ce sont *Sodome et Gomorrhe III* et *La Prisonnière* (achevés d'imprimer le 14 novembre 1922), *Albertine disparue* (1925), *Le Temps retrouvé* (1927).

Lire la *Recherche*, c'est se mêler à des centaines de personnages, les observer comme les observa Proust, être témoin de leurs conversations, sourire à leurs bons mots, tout en prenant la distance nécessaire à l'analyse sans complaisance des milieux traversés.

C'est aussi vivre au fil des pages l'aventure du roman qui renouvelle sa forme, quitte l'histoire linéaire pour s'inscrire dans la circularité, l'enquête de tout instant sur un passé recomposé et qui se clôt comme un système sans faille.

C'est enfin, c'est surtout vivre l'aventure d'un style éblouissant, où la phrase elle-même devient un personnage singulier, élégant, racé, fantasque parfois, exigeant, avec des fantaisies de danseur ou d'acrobate. Pour tout dire : inimitable.

Les irrésistibles

À la recherche du temps perdu :
- *Du côté de chez Swann,* 1913
- *À l'ombre des jeunes filles en fleurs,* 1919
- *Le Côté de Guermantes,* 1921-1922
- *Sodome et Gomorrhe I, II et III,* 1921-1922
- *La Prisonnière,* 1922
- *Albertine disparue,* 1925
- *Le Temps retrouvé,* 1927

Citons l'auteur

« Un homme qui dort tient en cercle autour de lui le fil des heures, l'ordre des années et des mondes » – *Du côté de chez Swann*

« Notre personnalité sociale est une création de la pensée des autres » – *Du côté de chez Swann*

« Par l'art seulement, nous pouvons sortir de nous-mêmes » – *Le Temps retrouvé*

Guillaume Apollinaire

Rome, 1880 - Paris, 1918

« On a volé La Joconde ! » C'est le titre de l'incroyable nouvelle qui figure à la une des journaux le 22 août 1911. Et ce n'est pas tout : de nombreux objets d'art exposés au Louvre – des statuettes hispaniques notamment – ont précédé Mona Lisa sur le chemin de l'exil forcé, ou plus simplement de quelque appartement parisien où des amateurs éclairés les contemplent à loisir, ébahis et éblouis ! Picasso, justement, fait partie de ces contemplateurs qui confinent au contemplatif.

Picasso ? Un voleur ? Point du tout : Picasso a acheté deux statuettes à un aventurier belge, Géry-Piéret, qui en a vendu une troisième... à Paris-Journal ! Le Louvre, à cette époque, est l'hybridation du moulin – on y entre sans contrôle – et de la passoire – on en extrait ou soustrait ce qu'on veut ; pas vu, pas pris...

Lorsque Picasso apprend l'affaire, il court chez Guillaume Apollinaire qui a servi d'intermédiaire lors de la vente des statuettes – Géry-Piéret a été son secrétaire.

Que faire ? Le peintre et le poète pensent à jeter

les œuvres d'art dans la Seine ! Mais ils se ravisent, et les portent… au Paris-Journal.

Le scandale est énorme : la police perquisitionne chez Apollinaire, soupçonné du vol de La Joconde ! Il est alors incarcéré à la prison de la Santé, le 7 septembre 1911. Géry-Piéret l'innocente. Une pétition circule afin que le poète soit libéré, ce qui est fait le 12 septembre. Les statuettes retrouvent leur place au Louvre ; La Joconde, qui avait été volée par un artisan italien, est retrouvée le 10 décembre à Florence.

Cet épisode marque profondément Wilhelm Apollinaris de Kostrowitzky, né le 26 août 1880 à Rome, d'une mère issue de l'aristocratie polonaise et (probablement) d'un noble italien.

Avant cette aventure de 1911, la vie de Guillaume Apollinaire (il signe ainsi à partir de mars 1902) est une suite de péripéties où l'étrange le dispute au pathétique.

Étrange la conduite de Mme de Kostrowitzky, laissant ses deux garçons sans ressources près de Spa en Belgique où elle a tout perdu au jeu ; elle leur demande de quitter l'hôtel où ils séjournent sans payer et de la rejoindre à Paris.

Pathétiques les amours de Guillaume qui tente

de séduire une Maria à dix-neuf ans, une Linda, à vingt ans, une Annie à vingt et un ans, une Yvonne à vingt-trois ans, et enfin, Marie Laurencin, à vingt-sept ans, en 1907. Le Douanier Rousseau fait leur portrait en 1908. Guillaume et Marie se sépareront en 1912. Marie, du *Pont Mirabeau* : « Ni temps passé ni les amours reviennent / Sous le pont Mirabeau coule la seine… »

Auteur de centaines d'articles dans des journaux et des revues, de livres lestes (*Les Onze Mille Verges*, 1907) ou sérieux (L'*Hérésiaque*, 1910) pour survivre, Apollinaire fait paraître son œuvre majeure en 1913. Elle porte d'abord le titre *Eaux-de-vie*, mais devient, sur le conseil de Blaise Cendrars : *Alcools*.

En 1914, Apollinaire séduit une Louise (Lou) et s'engage dans l'artillerie. En 1915, il rencontre, dans le train, une Madeleine qui le console de sa rupture avec Lou. Il devient officier d'infanterie en novembre. En 1916, le 9 mars, il est naturalisé français. À Berry-au-Bac, dans l'Aisne, le 17 mars, à 16 heures, un éclat d'obus pénètre dans sa tempe droite ; le 9 mai, il est trépané.

En 1917, il compose ses *Calligrammes* qui paraissent en avril 1918. Son dernier amour, la jolie rousse Jacqueline Kolb, rencontrée en décembre 1917, devient sa femme le 2 mai 1918. Six mois plus tard, le 9 novembre, deux jours avant l'armistice, il meurt de la grippe espagnole.

Les irrésistibles

L'Enchanteur pourrissant – 1909
L'Hérésiaque et Cie – 1910
Le Bestiaire ou Cortège d'Orphée – 1911
Alcools – 1913
Le Poète assassiné – 1916
Les Mamelles de Tirésias – 1917
Calligrammes – 1918

Citons l'auteur

« J'ai cueilli ce brin de bruyère
L'automne est morte souviens-t'en
Nous ne nous verrons plus sur terre
Odeur du temps brin de bruyère
Et souviens-toi que je t'attends »
– *« L'Adieu », Alcools*

André Gide

Paris, 1869 - Paris, 1951

Il est des feux qui provoquent d'inguérissables brûlures. Ainsi celui qu'allume Madeleine Rondeaux, l'austère amie d'enfance et cousine qu'a épousée André Gide en 1895. Au cours de l'année 1918, lorsqu'elle apprend que son mari (49 ans) voyage en Angleterre avec un jeune homme devenu son amant (18 ans), elle se saisit de toutes les lettres qu'il lui a envoyées, et les brûle avec la certitude d'une vengeance définitive.

Dans son Journal, à la date du 22 novembre 1918, Gide écrit : « C'est le meilleur de moi qui disparaît... Je souffre comme si elle avait tué notre enfant. »

Lire *La Symphonie pastorale*, roman paru en 1919, permet d'entrer dans l'intimité et l'inimitié d'un couple qui n'est sans doute pas étranger à celui d'André et Madeleine – elle apparaît dans d'autres œuvres de Gide sous le nom d'Alissa ou Emmanuelle. On y trouve aussi, dans la figure rigide du pasteur protestant et de son épouse, une évocation masquée de l'atmosphère familiale pesante qu'il a connue avant la mort de son père en 1880.

Peut-être Gide tente-t-il de soigner toutes ses brûlures profondes en publiant, en 1926, des confessions jugées plus qu'audacieuses ; peut-être veut-il s'en croire guéri lorsqu'il s'affirme dans *Corydon* (écrit en 1911, publié en 1924) ; et lorsque paraît, en 1925, ce qu'il juge son seul roman, *Les Faux-Monnayeurs*, aux techniques narratives hardies, aux thèses morales, est-ce un début ou une fin ?

Il s'engage politiquement contre le colonialisme après un voyage au Congo en 1927, contre le communisme au retour d'un voyage en URSS (1936). Pendant la guerre, il séjourne en Afrique du Nord. En 1947, à soixante-dix-huit ans, il reçoit le prix Nobel de littérature. Il meurt le 19 février 1951, à Paris.

Les irrésistibles

Les Nourritures terrestres – 1987
L'Immoraliste – 1902
Les Caves du Vatican – 1914
La Symphonie pastorale – 1919
Les Faux-Monnayeurs – 1925
Si le grain ne meurt – 1926

Citons l'auteur

« Il est bien plus difficile qu'on ne croit de ne pas croire en Dieu » – *Les Nouvelles Nourritures*
« Croyez ceux qui cherchent la vérité, doutez de ceux qui la trouvent » – *Journal*

Colette

Saint-Sauveur-en-Puisaye, 1873 - Paris, 1954

Aujourd'hui encore, la poudre soufrée du scandale se soulève lorsqu'on parcourt le chemin qui a conduit Gabrielle Sidonie Colette de Saint-Sauveur-en-Puisaye (dans l'Yonne), où elle est née le 28 janvier 1873, à l'appartement du Palais-Royal, à Paris, où elle a terminé sa vie le 3 août 1954.

Après une enfance heureuse, comblée de tendresse par une mère adorée qui deviendra « Sido » dans les romans futurs, Gabrielle-Sidonie quitte son village de Bourgogne à vingt ans.

À Paris elle fait la rencontre d'un personnage étonnant, très en vue dans la capitale toujours friande de scandales : Henry Gauthier-Villars, dit « Willy ». C'est un chansonnier qui défraie régulièrement la chronique par ses frasques, son goût de la provocation et l'humour cynique de ses aphorismes : « Un financier digne de ce nom ne va pas à la Bourse, il y vole... » ; « La dot est le présent fait au futur pour dissimuler l'imparfait. » Henry Gauthier-Villars signera pendant sa vie plus d'une centaine d'ouvrages... dont il n'écrira pas une ligne.

Ainsi, en 1900, paraît *Claudine à l'école*. Willy affirme qu'il a reçu ce roman d'une jeune fille dont il couvre l'anonymat en faisant figurer son propre nom sur la couverture. En réalité, c'est Colette, sa femme, qui a écrit à sa demande ce roman fabriqué à partir de souvenirs d'enfance où germent toutes sortes de sensualités.

Le succès du livre est considérable. Willy va signer trois autres Claudine, toujours écrits par Colette : *Claudine à Paris* (1901), *Claudine en ménage*, (1902), *Claudine s'en va* (1903).

En 1904, elle signe Colette Willy son nouvel ouvrage : *Dialogue de bêtes*. Deux ans plus tard elle se sépare de Willy qui, détenant la propriété littéraire de la série des *Claudine*, en vend les droits à son profit, de sorte que jamais Colette ne percevra un centime sur ces quatre romans à succès !

Danseuse en tenue fort légère au Moulin-

Rouge, elle vit des amours sans limites tout en continuant d'écrire et de publier. En 1912, elle épouse Henry de Jouvenel, devient mère en 1913, pratique pour les journaux l'écriture de textes courts qu'elle affectionne.

En 1923, paraît son roman *Le Blé en herbe* où se trouve traité son thème de prédilection : le trouble des passions naissantes.

Henry de Jouvenel mort en 1935, elle épouse la même année celui qu'elle appelle son « meilleur ami », Maurice Goudeket.

Pendant la Seconde Guerre mondiale, elle continue d'écrire pour les journaux et publie *Gigi* en feuilleton. Élue à l'Académie Goncourt à l'unanimité en 1945, elle en devient la présidente quatre ans plus tard. Percluse de douleurs causées par une arthrite tenace, elle meurt à Paris. L'État lui accorde des funérailles nationales.

Les irrésistibles

Claudine – 1900-1903
Chéri – 1920
La Maison de Claudine – 1922
Le Blé en herbe – 1923
Sido – 1929

Citons l'auteur

« Le vice, c'est le mal qu'on fait sans plaisir »
– *Claudine en ménage*

François Mauriac

Bordeaux, 1885 - Paris, 1970

Elle a épousé Bernard sans amour, parce que « ses deux mille hectares ne l'avaient pas laissée indifférente [...]. Elle avait toujours eu la propriété dans la sang »...

L'amour ? Absent. « Lui, d'ailleurs, était amoureux de mes pins », affirme-t-elle.

Elle ? Thérèse Desqueyroux, l'héroïne du roman éponyme de François Mauriac, publié en 1927.

Thérèse Desqueyroux, c'est le roman du tourment : ce mari indifférent, distant, atteint d'une maladie de cœur, Thérèse a tenté de l'empoisonner en augmentant les doses d'arsenic qu'il prend pour se soigner.

Bernard a failli en mourir. Thérèse, soupçonnée, se retrouve devant les assises, mais son mari, qui la sait coupable, la disculpe. L'affaire se termine par un non-lieu. Cependant, son milieu bourgeois, étouffant, va lui infliger une peine singulière, paradoxalement libératrice...

Les personnages de François Mauriac semblent sortir des régions les plus désemparées de l'âme humaine, celles de l'indécise frontière entre le bien et le mal, entre le ciel et l'enfer, où supplices et délices nourrissent le vertige de la faute.

Dans *Le Baiser au lépreux* (1922), Noémie épouse un homme d'une laideur telle qu'elle n'accepte pas l'idée de l'union charnelle ; *Le Désert de l'amour* met en scène un docteur Courrèges qui ne parvient pas au plaisir d'aimer ; dans *Le Nœud de vipères* (1932) un vieil homme au bord de la mort raconte sa douleur d'avoir été aimé seulement par intérêt...

Les autres fictions de Mauriac demeurent fidèles à la rhétorique de l'échec où se révèle surtout la défaite de la chair sans cesse troublée par le désir.

François Mauriac, né à Bordeaux le 11 octobre 1885, orphelin de père à deux ans, passe son enfance au château de Malagar, au cœur du vignoble.

Il publie ses premiers poèmes en 1909, participe à la Première Guerre mondiale à Salonique, et devient romancier à succès à partir de la publication du *Baiser aux lépreux*. Il est élu à l'Académie française en 1933.

Engagé politiquement, il dénonce le fascisme, condamne la guerre d'Espagne. De 1939 à 1945, il s'oppose au régime de Vichy, publie clandestinement ses écrits de résistant sous le titre *Le Cahier noir*, signé du pseudonyme Forez.

Ses « Bloc-Notes » hebdomadaires – au *Figaro*, puis à *L'Express* et de nouveau au *Figaro* – entre 1952 et 1959 révèlent l'analyste inspiré, le brillant polémiste à la plume chargée d'humour, d'ironie, et parfois de cruauté.

François Mauriac est mort le 1er septembre 1970, deux mois avant le général de Gaulle auquel il avait consacré un ouvrage en 1964.

Le prix Nobel lui avait été décerné en 1952 pour « la profondeur de son discernement spirituel ».

Les irrésistibles

Le Baiser au lépreux – 1922
Génitrix – 1923
Le Désert de l'amour – 1925
Thérèse Desqueyroux – 1927
Le Nœud de vipères – 1932
Le Mystère Frontenac –1933
Les Anges noirs – 1936

La Pharisienne – 1941
Le Sagouin – 1951
Un adolescent d'autrefois – 1969

Citons l'auteur

« Une certaine qualité de gentillesse est toujours signe de trahison » – *Le Nœud de vipères*
« Il ne sert à rien à l'homme de gagner la lune s'il vient à perdre la terre » – *Bloc-Notes*
« Dis-moi ce que tu lis, je te dirai qui tu es, il est vrai, mais je te connaîtrai mieux si tu me dis ce que tu relis » – *Mémoires intérieurs*
« La peur est le commencement de la sagesse » – *Thérèse Desqueyroux*

Louis-Ferdinand Céline

Courbevoie, 1894 - Meudon, 1961

Voyage au bout de la nuit, le roman le plus lu de Louis Ferdinand Destouches, qui prit pour pseudonyme Céline, le prénom de sa grand-mère maternelle, c'est une lecture de cinq cents pages qu'il faut se garder d'effectuer dans un moment de fatigue ou de dépression : le monde entier y fait naufrage, s'enlise, s'enfonce, de ligne en ligne, sombre corps et biens, sans espoir. Les hommes y sont exécutés dès la deuxième page : « La race, ce que t'appelles comme ça, c'est seulement ce grand ramassis de miteux dans mon genre, chassieux, puceux, transis, qui ont échoué ici poursuivis par la faim, la peste, les tumeurs et le froid, venus vaincus des quatre coins du monde. Ils ne pouvaient pas aller plus loin à cause de la mer. C'est ça la France et puis c'est ça les Français. »

Difficile à concurrencer sur le terrain de la haine, de la désespérance, du pessimisme intégral, Louis-Ferdinand Céline.

Difficile à vaincre, aussi, pour ce qui est du style, de la phrase, de ses cadences, de sa désinvolture élégante, calculée. Un style conquis de haute lutte selon l'aveu du styliste lui-même ; de la souffrance avant toute chose, une sorte de masochisme qui trouve pour support la plume, pointe contre soi, contre l'humanité entière, griffée, éraillée, charcutée jusqu'à lui faire rendre l'âme, jusqu'à la livrer pantelante et lamentable en des pages d'anthologie. Fascinant ou effrayant, tout cela, c'est selon.

Né à Courbevoie le 27 mai 1894, élevé à Paris dans le commerce de dentelles que tenait sa mère, passage Choiseul, Céline s'engage dans la cavalerie en 1912, est blessé en novembre 1914, voyage ensuite en Angleterre, en Afrique, passe son bac en 1919, devient médecin en 1924.

Nouveaux voyages entre 1924 et 1927 pour la section d'hygiène de la SDN, à Cuba, aux États-Unis, au Canada, en Afrique.

Fin 1927, le docteur Destouches exerce à Clichy. Fin 1932, l'écrivain Céline obtient pour son roman *Voyage au bout de la nuit* le prix Renaudot.

En 1936, son style s'enhardit encore dans le récit de son enfance *Mort à crédit*.

La suite est navrante : Céline publie des écrits dont l'antisémitisme va croissant à mesure que le nazisme gagne du terrain en Europe. Le paroxysme est atteint pendant les années d'occupation.

Après 1944, Céline se réfugie en Allemagne, puis au Danemark où il est incarcéré de 1945 à 1947. De retour en France en 1951, il ouvre un cabinet médical à Meudon, et continue de publier, tout en ferraillant contre ses détracteurs, Jean-Paul Sartre et Simone de Beauvoir notamment.

Louis-Ferdinand Céline meurt d'une hémorragie cérébrale, le 1er juillet 1961, à Meudon.

Un an plus tard, la prestigieuse Bibliothèque

de la Pléiade accueille ses textes.

Les irrésistibles

Voyage au bout de la nuit – 1932
Mort à crédit – 1936
Casse-pipe – 1949
Féerie pour une autre fois – 1952
D'un château l'autre – 1957

Citons l'auteur

« L'amour, c'est l'infini à la portée des caniches » – *Voyage au bout de la nuit*

« Il y a les boyaux. Vous avez vu à la campagne chez nous jouer le tour au chemineau ? On bourre un vieux porte-monnaie avec les boyaux pourris d'un poulet. Eh bien, un homme, moi je vous le dis, c'est tout comme, en plus gros et mobile, et vorace, et puis dedans, un rêve » – *Voyage au bout de la nuit*

Paul Éluard

Saint-Denis, 1895 - Paris, 1952

1913. Clavadel, dans les Grisons, en Suisse.

Deux voyageurs arrivent un soir de janvier au sanatorium où les malades soignent leur tuberculose à l'air pur des altitudes, faute de mieux. Ces deux voyageurs arrivent de Saint-Denis, près de Paris. Le plus jeune s'appelle Eugène, il a dix-huit ans. Il est accompagné de sa mère, Jeanne, couturière. Clément, le père, directeur du cabinet immobilier qu'il a créé, est resté en France. La petite famille s'est séparée pour que guérisse Eugène, au parcours scolaire prometteur.

Dans le même sanatorium, s'est installée Helena Dimitrievna Diakonova, dix-neuf ans, atteinte elle aussi d'hémoptysie. Elle est née à Kazan, en Russie, en 1895.

Helena est séduisante ; Eugène est séduit… et le déclare en poésie à Helena – qu'il appelle Gala. Ce sont les premiers pas d'une œuvre qui va comprendre cent dix recueils en trente-sept ans, soit, en moyenne, presque trois recueils par an !

En 1917, à Paris Helena Dimitrievna Diakonova – Gala… – devient l'épouse d'Eugène Grindel. L'année précédente, Eugène, horrifié par la guerre à laquelle il participe dans l'infanterie, a publié son premier recueil de poèmes, *Le Devoir*. Il l'a lui-même polycopié, en… dix-sept exemplaires.

Pour la première fois, il signe Éluard, du nom de sa grand-mère maternelle.

Finie, la grande guerre. Elle a tant bouleversé le monde et les hommes que l'art explose. Tristan Tzara, un poète roumain, a créé le mouvement Dada qui, selon les termes de son inventeur, doit « détruire les tiroirs du cerveau ». Éluard s'enthousiasme pour cette entreprise avant d'assommer quasiment son inventeur lors de la célèbre bagarre du 6 juillet 1923, au théâtre Saint-Michel, à Paris.

Pourquoi cette bagarre ? Tout simplement parce que le mouvement Dada est devenu trop anarchiste, trop provocateur aux yeux de celui qui sera appelé le « pape du surréalisme » : André Breton, dont Paul Éluard est alors l'un des fidèles.

En 1924, paraît le recueil *Mourir de ne pas mourir,* signé Paul Éluard, qui disparaît. On le cherche pendant plusieurs mois. On le retrouve… en Asie. Paul a fui celle qui lui donne bien des soucis sentimentaux : Gala…

Éluard s'inscrit avec enthousiasme dans le mouvement surréaliste. Il en apprécie les séances d'écriture collective, l'exploitation libre du rêve et de l'inconscient.

Cependant, dans le même temps, il développe, à travers ses publications personnelles, une poésie tendre et délicate qui va l'installer au premier rang des lyriques modernes.

1929. Paul, Gala, leur fille Cécile et quelques amis séjournent à Cadaqués, en Espagne, chez le – déjà – génial Salvador Dali... Dali tombe amoureux fou de Gala. Ils ne se quitteront plus. Le lumineux amour de Maria Benz – appelée Nusch – sortira Éluard du désespoir. Il l'épouse en 1934.

L'amour ! C'est la grande affaire d'Éluard. Gala, Nusch, plus tard Jacqueline et Dominique – et bien d'autres – alimentent une poésie simple, limpide à l'excès parfois, mais qui suit le cœur dans tous ses galops conquérants ou ses repos alanguis.

La guerre survient. Éluard devient un clandestin qui résiste à l'occupant en publiant de nombreux recueils engagés, dont *Poésie et vérité* (1942) ; on peut y lire le poème *Liberté*, parachuté à des milliers d'exemplaires par l'aviation anglaise sur la France occupée.

1946. Le 28 novembre, Nusch se promène dans une rue de Paris ; soudain, elle porte la main à son front, tombe. Atteinte d'une congestion cérébrale, elle meurt sur le coup. Éluard apprend la nouvelle alors qu'il est en voyage. Son désespoir est tel qu'il pense au suicide. Il faut alors une présence vigilante et amoureuse – celle de Jacqueline Trutat – pour le sauver du pire. En 1949, il rencontre à Mexico Dominique Lemor qu'il épouse en 1951, un an avant de mourir d'une crise cardiaque, le 18 novembre 1952.

Les irrésistibles

Capitale de la douleur – 1926
La Vie immédiate – 1932
Les Yeux fertiles – 1936
Poésie et vérité – 1942
Sept poèmes d'amour en guerre – 1943
Poésie ininterrompue – 1946
Notre vie – 1947
Le Phénix – 1951

Citons l'auteur

« Voir le monde comme je suis, non comme il est /La terre est bleue comme une orange » – *L'Amour, la poésie*

« La courbe de tes yeux fait le tour de mon cœur » – *Capitale de la douleur*

« Adieu tristesse / Bonjour tristesse / Tu n'es pas tout à fait la misère / Car les lèvres les plus pauvres te dénoncent / Par un sourire » – *La Vie immédiate*

Jean Giono

Manosque, 1895 - Manosque, 1970

Giono écrit comme on laboure une terre ; ses lignes sont des sillons qui font lentement découvrir aux lecteurs l'enracinement du monde. Sous sa plume, la glèbe devient la chair, il observe ses replis, ses bourrelets, ses failles et sa noblesse.

Dans la page écrite se multiplient des « ça » qui peuvent transporter des montagnes au-delà du dicible, et faire surgir des roches les fleuves et les sources comme des pensées pures. Giono, c'est un voyage qui réconcilie le pas et le hasard.

Dans son blason, il porte, fier et sûr de son don d'écriture, père qui travaille le cuir et mère qui repasse les étoffes. Il se moque éperdument de Paris – qu'il imagine fort bien détruit ou disparu. Les gloires germanopratines le font mourir de rire.

Pour lui, Dieu est tout et partout et ne s'appelle pas Dieu.

Né à Manosque le 30 mars 1895, il aime entendre son père lui lire des récits bibliques, ou les histoires que recueille l'écho des montagnes provençales, depuis des siècles.

À la fin de la classe de seconde, il doit quitter l'école pour subvenir aux besoins de sa famille. Il devient employé de banque et lit pêle-mêle Kipling, Homère, Whitman, Hésiode, Eschyle, Sophocle, Melville… puis s'empresse d'essayer sa plume dans un essai poétique : *Naissance de l'Odyssée* où Ulysse est bousculé avec malice.

De 1915 à 1918, c'est la guerre pour Jean Giono qui va se battre à Verdun, perdre tous ses amis, vouer une haine définitive à la haine.

La Trilogie de Pan – Colline, écrit en 1926 ; *Un de Baumugnes*, écrit en 1928 ; *Regain*, 1930 – lui apporte la gloire.

La Seconde Guerre mondiale le frappe de plein fouet : lui qui affiche des opinions pacifistes, sans jamais prendre quelque autre position, tout en cachant des résistants, est accusé de collaboration à la Libération.

Il retrouve heureusement son chant dans des

romans tels *Un roi sans divertissement* (1947), Les *Âmes fortes* (1950) ou *Le Hussard sur le toit* (1951) ; mais des fêlures – ou des blessures – ralentissent son lyrisme, et laissent passer l'ironie des défaites.

Jean Giono est mort le 9 octobre 1970, à Manosque où il a passé presque toute sa vie.

Les irrésistibles

Colline – 1929
Un de Baumugnes – 1929
Regain – 1930
Jean le Bleu – 1932
Un roi sans divertissement – 1947
Le Hussard sur le toit – 1951

Citons l'auteur

« Pour bien mentir, il faut beaucoup de sincérité » – *La Femme du boulanger*

Louis Aragon

Neuilly-sur-Seine, 1897 - Paris, 1982

École Saint-Pierre de Neuilly, 1907. Le professeur de français entre dans la classe de sixième, dépose sur son bureau la pile de cahiers de rédactions qu'il tenait sous son bras, s'assied. Silence, qui se prolonge…

Monsieur le professeur, on vous attend ! Quelle est cette émotion qui vous noue la gorge ?

Soudain, le cahier du dessus s'ouvre presque de lui-même. Sujet : « Un dimanche à la campagne, passé en famille, aux étangs de Saint-Cucufa ». Le texte s'envole, lu, porté aux nues par l'enthousiasme du correcteur qui déguste son bonheur d'avoir découvert parmi ses petits sixièmes un écrivain, né écrivain, comme on naît jardinier, ou cuisinier, ou jongleur ou médecin.

« Louis, Louis Aragon, cette rédaction, votre rédaction, permettez-moi de la lire à vos camarades de la classe de quatrième… »

Chose faite l'après-midi même. L'un des élèves de cette classe de quatrième de Saint-Pierre de Neuilly dresse alors l'oreille, se raidit sur son banc, s'étonne, sourit, ravi… Il s'appelle Henry de Montherlant !

Étrange enfance que celle de Louis Aragon. Sa mère, Marguerite Toucas, affirme être sa sœur, pendant que sa grand-mère se déclare sa mère… Qui donc a pu persuader ces deux femmes d'aménager ainsi les apparences ? Cherchez l'homme…

Il s'agit de Louis Andrieu, l'ancien préfet de police de Paris, qui fut un proche collaborateur de Gambetta.

Louis Andrieu, marié, père de famille, décoré, personnalité en vue, ne veut pas qu'on sache qu'à cinquante-sept ans il est tombé amoureux de Marguerite, vingt-trois ans, et qu'un an après est né leur enfant. Il lui a donné son prénom : Louis. Son nom ? Il commence par la lettre a, comme Andrieu, mais ce sera Aragon, une province d'Espagne où il a servi.

Louis grandit, fait des études de médecine, devient presque un homme, part à la guerre comme on part pour la mort après que les deux femmes lui ont révélé l'affaire… Il sera trois fois enseveli dans des trous d'obus, s'en sortira sans grave blessure.

Avec André Breton qu'il a connu en 1917, il jette les bases du surréalisme en 1919, prend grand plaisir à participer à la création du mouvement Dada, puis s'attaque à la bourgeoisie avant de se tourner résolument vers l'URSS et son communisme triomphant. Il se met à le louer avec d'autant plus de conviction que celle qu'il a rencontrée en 1928, au restaurant La Coupole, à Paris, Elsa

Kagan (Triolet), d'origine russe, née à Moscou, est devenue sa compagne – sa femme en 1939.

Pendant la Seconde Guerre mondiale, il devient un membre actif de la Résistance : « Mon parti, écrit-il alors, m'a rendu les couleurs de la France. » Aux sources de la tradition poétique, il mêle sentiment national et lyrisme profond.

Directeur de l'hebdomadaire *Les Lettres françaises*, issu de la Résistance, Aragon écrit de nombreux articles, des romans, des poèmes.

Elsa meurt le 16 juin 1970. Louis Aragon lui survit douze années. Il s'éteint le 24 décembre 1982 dans sa propriété Le Moulin de Villeneuve à Saint-Arnoult-en-Yvelines. C'est son ami Jean Ristat qui lui ferme les yeux.

Louis et Elsa reposent dans le parc du Moulin de Villeneuve, devenu la Maison Elsa Triolet - Aragon, ouverte au public en 1994.

Les irrésistibles

Le Paysan de Paris – 1926
Les Cloches de Bâle – 1933
Les Beaux Quartiers – 1936
Le Crève-Cœur, poèmes – 1941
Le Musée Grévin, poèmes – 1942

Les Yeux d'Elsa, poèmes – 1942
Aurélien – 1945
La Diane française, poèmes – 1945
La Semaine sainte – 1958
Elsa, poèmes – 1959
Le Fou d'Elsa, poèmes –1963

Citons l'auteur

« Je vous salue ma France aux yeux de tourterelle / Jamais trop mon tourment mon amour jamais trop » – *Le Musée Grévin*
« Le temps d'apprendre à vivre il est déjà trop tard » – *La Diane française*
« Tes yeux sont si profonds qu'en me penchant pour boire / J'ai vu tous les soleils y venir se mirer / S'y jeter à mourir tous les désespérés / Tes yeux sont si profonds que j'y perds la mémoire » – *Les Yeux d'Elsa*

Antoine de Saint-Exupéry

Lyon, 1900 - Méditerranée, 1944

À l'Institut national de la propriété industrielle, à Paris, on conserve précieusement une quinzaine de brevets d'invention qui concernent, par exemple, une nouvelle méthode pour l'atterrissage des avions sans visibilité, ou bien un nouveau dispositif de démarrage pour moteurs d'avion, ou bien encore une torpille aérienne...

Aucun de ces brevets n'a été exploité industriellement – même si on en retrouve les idées dans l'aviation américaine. Ce qui les rend précieux, c'est qu'ils témoignent du génie inventif de celui qu'on pouvait croire seulement arpenteur de nuages, explorateur de planètes invisibles, ou jardinier du cœur : Antoine de Saint-Exupéry.

Saint-Ex pour les familiers de l'œuvre ou les amateurs d'apocope, c'est surtout *Le Petit Prince*, un conte que les adultes se lisent et relisent à eux-mêmes quand ils prétendent le lire aux enfants...

Car il faut, pour le comprendre, avoir traversé des passions et leurs orages, livré de vains combats contre l'indifférence, subi d'inguérissables blessures.

Saint-Ex était expert en orages de toutes sortes, lui qui pilotait par tous les temps des avions aux instruments rudimentaires, et qui tentait de lutter contre les coups de tonnerre ou les coups de foudre dans sa vie sentimentale.

Né aristocrate – en 1900, à Lyon –, orphelin de

père à quatre ans, enfant élevé dans l'harmonie végétale et minérale des propriétés familiales de l'Ain et du Var, il tombe amoureux des airs après son premier vol en 1912, à l'aérodrome d'Ambérieu.

Après des études au Mans, à Fribourg, il prépare à Paris le concours d'entrée à l'École navale. Il échoue, entre aux Beaux-Arts, fait son service militaire, apprend à piloter, se fiance à Louise de Wilmorin chez qui on n'accepte pas ce casse-cou rêveur. Rupture – première blessure –, voici Saint-Ex aux petits métiers : contrôleur de fabrication, représentant en camions…

Mais Saint-Ex, l'écrivain, gagne bientôt les altitudes avec sa plume passionnée par l'action, les êtres et l'aventure. Pilote pour la société Latécoère de Toulouse, dirigée par Didier Daurat, il est nommé chef d'escale à Cap Juby, dans le Sahara espagnol. Il y écrit *Courrier Sud* (1928). En 1929, avec deux autres aviateurs, Mermoz (1901-1936) et Guillaumet (1902-1940), il est chargé de créer les lignes de l'Aéropostale en Amérique latine. Là-bas, naît le personnage de Fabien, héros du roman *Vol de nuit* (1931), prix Femina. *Courrier Sud* est adapté au cinéma en 1937, *Vol de nuit* en 1939.

Pilote d'essai, Saint-Exupéry est victime de graves accidents alors qu'il tente d'établir des records, dans le désert égyptien en 1935, au Guatemala en 1938.

L'écrivain poursuit son œuvre : *Terre des hommes* (1939) obtient le grand prix du roman de l'Académie française et devient un best-seller aux États-Unis.

Au début de la Seconde Guerre mondiale, Saint-Ex accomplit de dangereuses missions de reconnaissance aériennes dans le nord de la France, racontées dans *Pilote de guerre* (1942). Puis, démobilisé, il décide de vivre à New York où paraît, en 1943, *Le Petit Prince.*

Cette même année, le pilote Saint-Ex reprend du service pour des missions d'observation aérienne, depuis la Sardaigne ou la Corse. Le 31 juillet 1944, à 8 h 45, il décolle de la base de Bastia-Borgo pour un survol des Alpes, à bord de son Lightning P 38. Il ne reviendra pas.

Fin 2003, l'épave de l'avion est retrouvée, au large de Marseille. Le Petit Prince, lui, a rejoint les étoiles.

Les irrésistibles

Courrier Sud – 1928
Vol de nuit – 1931
Terre des hommes – 1938
Pilote de guerre – 1942
Le Petit Prince – 1943
Citadelle (posthume) – 1943

Citons l'auteur

« On ne voit bien qu'avec le cœur. L'essentiel est invisible pour les yeux » – *Le Petit Prince*
« Il est bien plus difficile de se juger soi-même que de juger autrui » – *Le Petit Prince*
« On ne connaît que les choses qu'on apprivoise [...]. Tu es responsable de ce que tu as apprivoisé » – *Le Petit Prince*
« C'est tellement mystérieux, le pays des larmes » – *Le Petit Prince*
« L'intelligence ne vaut qu'au service de l'amour » – *Pilote de guerre*
« Aimer, ce n'est pas se regarder l'un l'autre, c'est regarder ensemble dans la même direction » –*Terre des hommes*

André Malraux

Paris, 1901 - Créteil, 1976

On ne sait trop ce qui a créé la légende Malraux. Ses nombreux voyages vers l'Asie où il fut retenu *manu militari* pour avoir tenté d'en rapporter quelque bas-relief de temple khmer, en 1924 ?

Ses romans qui exaltent l'image de héros décidés à créer eux-mêmes leur destin, même s'il les conduit au pire, plutôt que de subir une vie ordinaire, dépourvue de sens ?

Sa participation à la guerre d'Espagne, en 1936, aux côtés des républicains, pilote et commandant de l'escadrille internationale Espana qu'il a constituée ?

Son action, tardive pour certains, dans la Résistance où il devient le colonel Berger qui tente d'agir au printemps 1944 en accord avec les maquis du Sud-Ouest, mais qui, arrêté à Gramat dans le Lot, puis transféré à Toulouse, échappe de peu au pire, les Allemands quittant précipitamment la ville ?

Le commandant de la brigade Alsace-Lorraine qui est la première unité de la première armée française à pénétrer dans Strasbourg libérée en 1944 ?

L'homme qui doit surmonter la disparition tragique de ses deux demi-frères, exécutés par les nazis, celle de Josette Clotis, sa seconde épouse, qui meurt les jambes écrasées par un train le 12 novembre 1944 ; plus tard, le 23 mai 1961, la mort de ses deux fils Gauthier, vingt ans, et Vincent, dix-huit ans, dans un accident de voiture, près de Troyes ?

Le gaulliste fidèle et convaincu, qui devient en 1959 ministre d'État, chargé des Affaires culturelles, créant les Maisons de la culture afin de démocratiser ce qui était réservé au petit nombre ?

C'est tout cela, sans doute, la légende Malraux. C'est aussi le passionné d'art moderne qui fait réaliser par Marc Chagall l'actuel plafond de l'Opéra, en 1964, par André Masson, celui de l'Odéon en 1965.

Mais c'est surtout le champion de l'épopée qui demeure dans la mémoire collective, le romancier qui a su à travers ses œuvres montrer des héros engagés jusqu'à la mort dans une fraternité active et révolutionnaire.

André Malraux est mort d'une congestion pulmonaire, le 23 novembre 1976, à l'hôpital Henri Mondor de Créteil. Il était né le 3 novembre 1901, à Paris.

Les irrésistibles

Les Conquérants – 1928
La Voie royale – 1930
La Condition humaine – 1931
L'Espoir – 1937
Les Noyers de l'Altenburg – 1943
Les Voix du silence – 1951
Antimémoires – 1967
Les Chênes qu'on abat – 1971

Citons l'auteur

« On trouve toujours l'épouvante en soi, il suffit de chercher assez profond. Heureusement, on peut agir » – *La Condition humaine*

« Le Christ est un anarchiste qui a réussi, c'est le seul » – *L'Espoir*

« La culture ne s'hérite pas, elle se conquiert » – *Oraisons funèbres*

« L'individu s'oppose à la collectivité, mais il s'en nourrit » – *Le Temps du mépris*

« Toute civilisation est hantée, visiblement ou invisiblement, par ce qu'elle pense de la mort » – *Antimémoires*

Albert Camus

Mondovi, 1913 - Villeblevin, 1960

« Ma patrie, c'est la langue française. » À quoi ou à qui Albert Camus pense-t-il lorsqu'il prononce cette phrase, lors de la remise du prix Nobel qui couronne une œuvre commencée vingt ans (seulement) plus tôt ? À ses livres ?

À *L'Étranger*, roman qui l'a rendu célèbre en 1942 ? Dans un récit d'une extrême sobriété, on y suit Meursault, employé de bureau à Alger, indifférent à la vie jusqu'à ce qu'il tue un Arabe et se retrouve en attente de son exécution, goûtant intensément ses dernières sensations.

Au *Mythe de Sisyphe* ? Essai publié en 1942, qui continue de développer le thème camusien, celui de *L'Étranger* : l'absurde à quoi il oppose la révolte, entendue comme un engagement lucide et passionné qui débouche sur la liberté.

À sa pièce *Caligula* qui représente le troisième volet de ce qu'on a nommé son « cycle de l'absurde » ?

À son autre roman, *La Peste*, qui décrit, met en scène les types de réactions humaines face à la propagation de l'épidémie à Oran, mais où l'on perçoit, au-delà des événements, la métaphore du nazisme ?

À son troisième roman, *La Chute*, où le personnage Clamence semble se faire l'interprète des défaites de l'auteur ?

« Ma patrie, c'est la langue française »… Camus pense à l'Algérie où il est né le 7 novembre 1913, à son père, Lucien Camus, ouvrier dans un vignoble de Mondovi, mort à Saint-Brieuc après avoir été blessé, « agonisant aveugle, la tête ouverte », à la bataille de la Marne, à sa mère illettrée, sourde, à Louis Germain, son instituteur, qui lui permet de faire ses études au lycée.

Il pense à la tuberculose qui l'empêche de passer l'agrégation, au football qu'il a passionnément pratiqué, à ses débuts dans le journalisme, à son engagement dans la Résistance, dès 1942, à son rôle au journal *Combat*, à son amitié puis à ses passes d'armes avec Jean-Paul Sartre qui n'accepte pas l'assimilation du marxisme à un totalitarisme.

Et puis, il pense, encore et toujours, à l'Algérie : « Je puis bien dire au moins qu'elle est ma vraie patrie et qu'en n'importe quel lieu du monde, je reconnais ses fils et mes frères à ce rire d'amitié qui me prend devant eux »…

Camus et ses deux patries, la langue française et l'Algérie…

Il disparaît dans un accident de voiture le 4 janvier 1960, à Villeblevin, dans l'Yonne.

Les irrésistibles

L'Étranger – 1942
Le Mythe de Sisyphe – 1942
Caligula – 1944
La Peste – 1947
Les Justes – 1950
La Chute – 1956
Les Possédés – 1959

Citons l'auteur

« L'absurdité est toujours le divorce de l'homme et du monde » – *L'Étranger*
« Il n'y a qu'une façon de s'égaler aux dieux, c'est d'être aussi cruel qu'eux » – *Caligula*
« N'attendez pas le jugement dernier. Il a lieu tous les jours » – *La Chute*

Jean-Paul Sartre

Paris, 1905 - Paris, 1980

« J'ai commencé ma vie comme je la finirai sans doute : au milieu des livres. Dans le bureau de mon grand-père, il y en avait partout ; défense était faite de les épousseter sauf une fois l'an, avant la rentrée d'octobre. Je ne savais pas encore lire que, déjà, je les révérais, ces pierres levées ; droites ou penchées, serrées comme des briques sur les rayons de la bibliothèque ou noblement espacées en allées de menhirs, je sentais que la prospérité de notre famille en dépendait. »

Qui parle ici ? C'est Poulou, hypocoristique choisi par maman Anne-Marie pour désigner Jean-Paul, le fils qu'elle a eu de son mari Jean-Baptiste Sartre, trois fois lauréat au concours général, polytechnicien, enseigne de vaisseau, mort en 1906, des suites de la fièvre jaune contractée en Cochinchine.

Et qui est ce grand-père environné de livres comme un druide le serait de menhirs ? C'est Charles Schweitzer, l'oncle du grand Albert Schweitzer (1875-1965, le médecin de Lambaréné, philosophe, théologien, musicien, soucieux avant tout du respect de la vie).

Poulou devient Jean-Paul, l'élève modèle dont Charles s'émerveille avec raison puisque, en 1929, ses études à Normale Sup sont couronnées par une place de premier à l'agrégation de philosophie ; celle qui termine deuxième s'appelle Simone de Beauvoir (1908-1986, philosophe, auteur, en 1949, du retentissant essai *Le Deuxième Sexe* ; compagne de Sartre jusqu'à sa mort).

Sartre devient professeur, tout en élaborant le roman qui va le faire connaître : *La Nausée*, publié en 1938. Il y réalise son rêve : unir la fiction romanesque et la philosophie, mêler, ainsi qu'il l'écrit, « Stendhal et Spinoza ».

Mobilisé en 1940, prisonnier au camp de Trèves, de retour à Paris en 1941, il écrit son essai philosophique majeur, *L'Être et le Néant*, qui paraît en 1943, et deux pièces de théâtre, *Les Mouches* (1943) et *Huis clos* (1944).

Engagé, et toujours en première ligne, dans le combat des idées, Sartre fonde et promeut le mouvement philosophique qu'il a fondé : l'existentialisme ; il y défend l'image de l'homme agissant, créateur de son destin, responsable de lui-même.

Signataire du manifeste des 121 sur le droit à l'insoumission, en 1960, en pleine guerre d'Algérie, il déclenche contre lui de violentes manifestations. Faut-il le mettre en prison ? À cette question, de Gaulle répond : « On n'arrête pas Voltaire ! »

En 1963, son autobiographie *Les Mots*, publiée d'abord dans la revue qu'il a fondée – *Les Temps modernes* –, remporte un immense succès. Le prix Nobel lui est décerné l'année suivante ; il le refuse…

Toujours sur le front de l'action, il contribue à la fondation de l'hebdomadaire *Le Nouvel Observateur* en 1964, au lancement du quotidien *Libération* en 1973. Il meurt le 15 avril 1980.

Plus de cinquante mille personnes suivent le cortège qui le conduit au cimetière Montparnasse.

Les irrésistibles

La Nausée – 1938
Le Mur – 1939
Les Mouches – 1943
Huis clos - 1944
Les Chemins de la liberté – 1945
Les Mains sales – 1946

Citons l'auteur

« Un droit n'est jamais que l'autre aspect d'un devoir » – *La Nausée*

« Le désir est une conduite d'envoûtement »
– *L'Être et le Néant*
« Chaque homme doit inventer son chemin »
– *Les Mouches*

Marguerite Yourcenar

Bruxelles, 1903 - Île de Mount Desert, 1987

Le 22 janvier 1981, Jean d'Ormesson, né en 1925, auteur, entre autres, de *L'amour est un plaisir* (1956), *Un amour pour rien* (1960), *La Gloire de l'Empire* (1971), *Au plaisir de Dieu* (1974), *Le Bonheur à San Miniato* (1987), *Histoire du Juif errant* (1991), *C'était bien* (2002), *La Création du monde* (2006), élu à l'Académie française le 18 octobre 1973 au fauteuil de Jules Romains (Louis Farigoule, auteur d'un cycle romanesque titanesque en 27 volumes : *Les Hommes de bonne volonté*), reçoit sous la coupole Marguerite Yourcenar, élue par les Immortels le 6 mars 1980, au fauteuil de Roger Caillois, le Rémois, normalien, agrégé de grammaire, traducteur de l'écrivain argentin Jorge Luis Borges (1899-1986), et auteur de nombreux essais, dont *Le Fleuve Alphée*, et *L'Écriture des pierres*.

Yourcenar est une anagramme. C'est Marguerite et son père qui l'ont composée à partir du nom de la famille française dont ils sont issus : les Crayencour.

La mère de Marguerite, belge, Fernande de Cartier de Marchienne, meurt d'une fièvre puerpérale, dix jours après l'accouchement, à Bruxelles.

Marguerite ne fréquentera ni collège ni lycée. Des précepteurs, sa grand-mère, son père se chargent de lui transmettre une solide culture qui lui permet d'obtenir son baccalauréat latin-grec en 1919, à seize ans.

Remarquée en 1929 à la publication de son premier roman, *Alexis ou le Traité du vain combat* – dans une longue lettre, Alexis, un jeune artiste, révèle son attrait pour les hommes à son épouse Monique —, Marguerite Yourcenar décide de se consacrer à l'écriture. Elle multiplie les voyages en Italie, en Grèce, en Autriche, publie en 1934 un recueil de nouvelles *La Mort conduit l'attelage* ; en 1936 paraît *Feux*, poèmes en prose et nouvelles.

En 1937, elle fait la connaissance de Grace Frick avec laquelle elle vivra aux États-Unis, y devenant professeur d'Université.

Installée dans l'île de Mount Desert en 1950, elle y écrit en quelques mois *Mémoires d'Hadrien* qui remporte, dès sa parution en 1951, un succès international. Elle y met en scène à la fois sa propre érudition et l'empereur Hadrien (76-138) à la fin de sa vie, dans un style inimitable, qui semble emprunter aux marbres romains leur solennité.

En 1968, *L'Œuvre au noir* conte les aventures de Zénon Ligre, philosophe, médecin et alchimiste, esprit libre et lucide dans un XVIe siècle où s'exacerbe l'intolérance.

Marguerite Yourcenar bâtit ensuite son mémorial personnel : *Le Labyrinthe du monde* qui comprend trois volumes publiés de 1974 à 1988, un an après sa mort dans l'île de Mount Desert, le 17 décembre 1987.

Les irrésistibles

Alexis ou le Traité du vain combat – 1929
Mémoires d'Hadrien – 1951
L'Œuvre au noir – 1968
Le Labyrinthe du monde :
Souvenirs pieux – 1974
Archives du Nord – 1977
Quoi ? L'éternité – 1988

Citons l'auteur

« Tout bonheur est une innocence » – *Alexis ou le Traité du vain combat*

« Tâchons d'entrer dans la mort les yeux ouverts » – *Mémoires d'Hadrien*

« Qui serait assez insensé pour mourir sans avoir fait le tour de sa prison ? » – *L'Œuvre au noir*

Marguerite Duras

Gia Dinh, 1914 - Paris, 1996

On croit savoir que le slogan phare qui a chahuté les rues de Mai-68, « Sous les pavés, la plage », fut créé par Marguerite Donnadieu, dite Marguerite Duras.

On ne prête qu'aux riches, certes, mais si on accepte cette idée, on ne peut s'empêcher d'établir une réelle parenté entre l'économie syntaxique de ce slogan lapidaire comme son contenu, et la phrase durassienne, sobre, syncopée, cueillant sur les crêtes de l'émotion des hoquets de sanglot.

Marguerite Donnadieu est née près de Saigon, le 4 avril 1914. À dix-huit ans, lorsqu'elle arrive en France, elle sort éblouie et meurtrie de sa légende du bout du monde qu'elle ne cessera de raconter en phrases haletantes à travers ses romans, ses pièces de théâtre.

Ce fut d'abord le bonheur, en Cochinchine où s'étaient installés les Donnadieu : le père professeur de mathématiques, la mère, institutrice, et leurs trois enfants.

Malade, rapatrié en France, le père meurt. Marguerite n'a que quatre ans.

Marie, la mère, investit toutes ses économies dans une terre trop proche de la mer de Chine ; la petite famille y fait naufrage. La misère s'installe. Marguerite, pensionnaire au lycée de Saigon, entre dans la passion amoureuse à quinze ans. Le Chinois qui l'aime, mêlé peut-être à d'autres brûlures passionnelles, deviendra *L'Amant*, prix Goncourt en 1984.

Installée à Paris en 1932, Marguerite y termine ses études avant d'épouser, en 1939, Robert Antelme, poète et résistant qui sera déporté en 1944, auteur de *L'Espèce humaine* (1947).

En 1943, après avoir perdu l'année précédente son premier enfant à la naissance, elle publie son premier roman signé Duras : *Les Impudents*.

En 1947 naît son fils Jean, de Dyonis Mascolo, son amant dès 1942, puis son mari.

À partir de 1950, elle multiplie romans, nouvelles, pièces de théâtre, films, articles de journaux, où sa voix singulière tente de rebâtir en mythe pathétique les douleurs du passé, toujours vives.

Jamais consolée des désamours anciens – celui de sa mère, de ceux qui l'abandonnèrent –, Marguerite Duras tenta de guérir son vertige d'exister par des excès d'alcool.

Elle est morte le 3 mars 1996, à Paris, près de son ultime compagnon, de quarante ans son cadet, Yann Lemée, qu'elle appela Yann Andréa.

Les irrésistibles

Un barrage contre le Pacifique – 1950
Moderato cantabile – 1958
Le Ravissement de Lol V. Stein – 1964
Le Vice-Consul – 1966
L'Amant – 1984
Écrire – 1993

Citons l'auteur

« Écrire, c'est aussi ne pas parler, c'est se taire, c'est hurler sans bruit » – *Écrire*